Der Kampf um Troja

Paul Hühnerfeld, Doktor der Philosophie, war leitender Feuilleton-Redakteur der ZEIT. Bekannt wurde er durch seine Essays und Hörspiele. Er schrieb das Kinderbuch ›Kampf um Troja‹, das in der einstmals beliebten Reihe ›Kid Weltliteratur‹ des Obpacher Verlages erschien. Paul Hühnerfeld wurde nur 34 Jahre alt. Das Kinderbuch verlor mit ihm einen Freund und hoffnungsvollen Autor.

Der Kampf um Troja
Griechische Sagen

Erzählt von Paul Hühnerfeld

Mit Zeichnungen von Carl Durban

Deutscher Taschenbuch Verlag

Dieser Band erschien erstmals 1956 in der Reihe
›Kid Weltliteratur – Eine Sammlung für die Jugend‹
des Obpacher Verlages, München.

Zu diesem Band gibt es ein Unterrichtsmodell, enthalten in
Lesen in der Schule (Sekundarstufen), unter der
Bestellnummer 8102 durch den Buchhandel oder den Verlag
zu beziehen.

Bearbeitete Neuausgabe nach den Regeln der
Rechtschreibreform
15. Auflage April 2001

www.dtvjunior.de
Umschlagkonzept: Balk & Brumshagen
Umschlagbild: Reinhild Hofmann
Gesetzt aus der Aldus 11/12,5˙
Gesamtherstellung: KöselBuch
Printed in Germany · ISBN 3-423-70084-X

Inhalt

Vorwort

Der Kampf um Troja – so heißen diese Sagen, die hier neu erzählt werden nach Dichtungen, die einer der ältesten und größten Dichter unserer Geschichte einst für uns schrieb: Homer, um dessen Geburt sich sieben Städte der antiken Welt streiten.

Wann Homer lebte, ist nicht genau zu bestimmen. Wahrscheinlich aber gegen Ende des 8. Jahrhunderts vor Christus. Er schrieb die ›Ilias‹ und die ›Odyssee‹, Gedichte, die zusammen 28 000 Verse umfassen und in denen die Belagerung, der Kampf um Troja und die Heimfahrt des Odysseus geschildert werden. Mit Homer beginnt die griechische Welt sich darzustellen. Aus dem Dunkel der Vorzeit tauchen Männer und Frauen auf, die wir verstehen, die wir mit Recht als unsere geistigen Ahnen ansehen können.

Die Frage: hat es nun Troja wirklich gegeben und hat ein Kampf um Troja stattgefunden? ließ einem jungen Deutschen mit Namen Heinrich Schliemann keine Ruhe. 1870 begann er – genau nach den Aufzeichnungen der ›Ilias‹ – mit Ausgrabungen in Kleinasien und fand Überreste einer riesigen alten Stadt. Das war Troja!

Seit der Tat Heinrich Schliemanns sind die Forscher vorsichtig geworden, ehe sie es wagen, die homerischen Geschichten als bloße Sagen abzutun. In Wirklichkeit sind sie der Beginn unserer Geschichte, wenn wir auch heute nicht mehr feststellen können, was damals wirklich geschah und was Homer hinzudichtete.

›Ilias‹ und ›Odyssee‹ sind – das wurde schon erwähnt – in Versen, in Hexametern, geschrieben. Am schönsten ist es, wenn man sie auf Griechisch lesen und verstehen kann. Wer Griechisch nicht gelernt hat, sollte sie aber wenigstens in einer sachgemäßen Übersetzung lesen. Doch wenn auch dafür die Zeit fehlt oder wer die Lust an dem manchmal schwierigen Text verliert, für den ist es vielleicht günstig, die Sagen zuerst wie eine Geschichte von heute kennen zu lernen. Deshalb wurden die »Ilias« und »Odyssee« hier neu erzählt, erzählt in unserer Sprache, mit unseren Worten, so, als ob die Helden, die da vor Troja kämpften, Odysseus und Hektor, Agamemnon und Paris oder die Frau, deretwegen der Krieg ausbrach – Helena –, erst gestern lebten. Wem diese Geschichten gefallen, der soll schleunigst zur ›Ilias‹ oder ›Odyssee‹ des Homer selbst greifen. Er wird sehen, dass dieselben Geschichten auch in ihrem alten Gewand voller Spannung sind – und vor allem: dass sie noch viel mehr Abenteuer enthalten, die hier ausgelassen werden mussten.

Paul Hühnerfeld

I
Tantalus und seine Kinder

Der Göttervater Zeus hatte von einer sterblichen Frau einen Sohn, dem er den Namen Tantalus gab. Dieser Tantalus erbte, als er ein Jüngling geworden war, von mütterlicher Seite das Reich Lydien. Lydien war ein großes, herrliches und fruchtbares Land. In den Bächen soll Gold gelegen haben, die Felder waren fruchtbarer als irgendwo sonst in der Welt. Es mag sein, dass dieser Reichtum und seine göttliche Abkunft den jungen Tantalus ein wenig übermütig gemacht hatten. Auch die Götter liebten den König sehr. Er durfte mit ihnen am Tisch essen, verzehrte Nektar und Ambrosia, eine Speise, die unsterblich machte. Auch hörte er, was die Götter sprachen, meistens lauter Dinge, die sie sonst vor den Menschen geheim zu halten pflegten.

Dies alles trug natürlich nicht dazu bei, den Tantalus bescheidener zu machen. Und so kam es, dass er immer eingebildeter wurde und schließlich von sich dachte, er sei klüger als die Götter selbst. So stahl er vom Tisch der Götter von den herrlichen Speisen, verriet seinen Mitmenschen auf der Erde, was am Tische des Zeus gesprochen wurde, und tat überhaupt so, als ob er, Tantalus, mindestens den Göttern gleich sei, wenn er nicht gar über ihnen stünde.

Die Götter merkten natürlich bald, was mit dem Tantalus los war. Aber da sie nachsichtig sind, lächelten sie

nur über sein eitles Treiben und schwiegen dazu. Doch Tantalus missdeutete ihr Schweigen. Er glaubte, er könne sich nun noch mehr herausnehmen, und eines Tages trieb er's zu weit:

Er lud die Götter zum Essen in seinen Königspalast. Da wollte er prüfen, wie es wirklich um ihre angebliche Allwissenheit stünde. Und also ließ er seinen eigenen kleinen Sohn, den Pelops, töten und brachte sein Fleisch als Braten auf den Tisch. Nun lauerte er, was die Götter tun würden. Die Götter kamen zu Tisch, sahen das Essen und rührten es nicht an. Allein Demeter, eine Göttin, der vor kurzem die Tochter verschwunden war, war so in Gedanken versunken, dass sie zu essen begann. Die Götter aber verließen den Tisch, trugen ihre Teller mit dem zubereiteten Fleisch zu dem Kessel, der noch über dem

Feuer hing, Zeus sprach einen kurzen Befehl – und Pelops erschien heil und gesund aus dem Kessel. Nur die eine Schulter fehlte ihm. Denn es war das Stück, das Demeter ganz in Gedanken verzehrt hatte. Da wurde ihm das Schulterstück aus Elfenbein ersetzt.

Über Tantalus aber sprachen die Götter einen Fluch. Sie verstießen ihn in den Hades, in das Reich der Unterwelt. Dort musste er in einem kühlen Teich stehen, dessen Wasser ihm bis ans Kinn reichte. Wenn den Tantalus aber Durst quälte und er sich bücken wollte um zu trinken, so wich das Wasser zurück. Vom Ufer her lockten die Zweige von Obstbäumen mit prächtigen Früchten, allein wenn Tantalus nach ihnen griff, so wichen auch die Zweige zurück.

Neben dem Platz des Tantalus aber ragt eine Felswand, die jeden Augenblick einstürzen kann und doch nie einstürzt. Aber dass sie nie einstürzt, das weiß Tantalus nicht, und darum leidet er immer Angst. So muss der Mörder seines Kindes, der übermütige Tantalus, leiden, bis ihn der Jüngste Tag von seiner Qual erlöst.

*

Des Tantalus Sohn, Pelops, hatte wiederum zwei Söhne, die er Atreus und Thyest nannte. Als Pelops starb, regierten sie miteinander in brüderlicher Freundschaft das Land. Aber der Fluch, der über ihren Großvater Tantalus von den Göttern gesprochen war, wirkte sich auch auf Kinder und Kindeskinder aus. Deshalb bekamen sie schon bald furchtbaren Streit.

Es begann damit, dass der Thyest gern einen Widder

mit goldener Wolle haben wollte, den aber nun Atreus besaß. Atreus hielt ihn gut verschlossen. Thyest sann und sann, wie er des goldenen Widders wohl habhaft werden könnte, und schließlich machte er sich an Atreus' Frau heran. Und tatsächlich konnte er ihr auch so gut schmeicheln, dass sie bereit war, ihm den Schlüssel zum Königshort zu übergeben, wo auch der Widder zu finden war.

Aber Atreus bemerkte grade noch rechtzeitig, was seine Frau und sein Bruder da im Schilde führten, tat allerdings so, als wisse er von nichts. Als nun Thyest den Widder an sich gebracht hatte, lud Atreus seinen Bruder am nächsten Tag zum Essen ein. Vorher hatte er die beiden kleinen Söhne des Bruders ergriffen. Als sie nun ein gutes Mahl verzehrt hatten, ließ Atreus die Knöchel der Kinder bringen, die er hatte schlachten lassen und von denen sie beide eben gegessen hatten. »Du hast einen guten Preis für den Widder bezahlt«, sagte er dabei höhnisch zu seinem Bruder Thyest.

Halb wahnsinnig vor Schmerz floh Thyest aus dem Lande. Aber Zeus strafte den Atreus und ließ eine Dürre über sein ganzes Reich kommen. Die Priester rieten dem König, sich mit Thyest zu versöhnen. Die Versöhnung kam auch schließlich zu Stande und Thyest kehrte mit seinem übrig gebliebenen Sohn Ägisth an den Königshof zurück. Doch wenn auch scheinbar nun wieder Friede herrschte – in Wirklichkeit sannen Thyest und Ägisth auf Rache. Und tatsächlich gelang es Vater und Sohn durch eine gemeine List, den Atreus ums Leben zu bringen. Nun war Thyest alleine König. Allerdings hinterließ der tote Atreus zwei Söhne: Agamemnon und Menelaus. Von diesen beiden wird noch viel erzählt werden müssen.

II
Das Urteil des Paris

In Thessalien lebte ein junger Mann namens Peleus. Als er eines Tages am Strand spazieren ging, sah er nicht weit vom Ufer eine Schildkröte im Meer schwimmen. Die wollte er fangen. Aber wie er so ins Wasser hineinwatete, entfernte sich die Schildkröte immer weiter in die offene See, so dass er schließlich den Boden unter den Füßen verlor und ein ordentliches Stück hinter ihr herschwimmen musste. Wie Peleus nun weit draußen im Meer war, schwamm da plötzlich gar keine Schildkröte mehr, sondern eine wunderschöne Meerjungfrau, die ein Lied sang. Das Lied ging dem Peleus sehr ans Herz. Nie, glaubte er, habe er bisher ein schöneres Lied gehört, und er schwamm weiter in die offene See hinaus. So wäre er wohl durch das Lied des Meermädchens elendig umgekommen, wenn es ihm nicht plötzlich gelungen wäre, sie an einem langen Haar zu fassen und sie an diesem Haar ans Land zu ziehen. Die Meerjungfrau schrie dabei sehr, nach Singen war ihr nun gar nicht mehr zu Mute, und sie bat den Peleus inständig, er möge sie doch wieder in das Meer zurücklassen. Davon wollte Peleus aber nichts wissen. Denn das Meermädchen war so schön, dass er sie stracks zu seiner Frau zu machen gedachte.

Die Meerjungfrau sah wohl, dass der junge Held davon nicht mehr ablassen würde, und so bat sie ihn, er möge doch wenigstens gestatten, dass sie ihren Vater rufe, den Gott der Wogen. Denn wenn sie ihn, Peleus, schon heiraten müsse, so wolle sie doch nicht auf den Segen des Vaters verzichten. Das ließ Peleus denn zu. Und so rief sie den Vater, Nereus, der auch sogleich aus den Wogen auftauchte. Er war mit der Hochzeit einverstanden, machte aber zur Bedingung, dass Peleus alle Götter zum Hochzeitsschmause einladen müsse.

So geschah es denn auch. Es erschienen die Götter zu einem herrlichen Schmause. Als sie nun alle beisammensaßen, fehlte nur eine Göttin – Eris, die Göttin des Zanks. Aber der hatten die Götter von der Einladung einfach nichts erzählt, weil sie keinen Streit haben und an diesem Tage fröhlich sein wollten.

Eris aber hatte es doch erfahren und war nun natürlich erst recht zu Zank und Streit aufgelegt. Als nun alle anderen Götter bei Tische saßen und die Stimmung schon sehr lustig war, tat sich plötzlich die Tür des Saales einen Spaltbreit auf. Herein rollte ein goldener Apfel; der zunächst an der Tür saß, hob ihn auf – da stand auf seiner goldenen Schale eingeritzt »Für die Schönste«.

Kaum war diese Aufschrift bekannt geworden, als auch schon Hera, die Königin der Götter, nach dem Apfel griff und sagte: »Dann ist er also für *mich.*«

»Wieso für dich?«, rief die Göttin Pallas. »Wer außer dir selber ist denn hier wohl der Ansicht, dass du die Schönste bist? Gebt *mir* sogleich den Apfel.«

Da begann am andern Ende des Tisches die Göttin Aphrodite zu lachen und sagte: »Das ist doch zu albern. Es ist doch wohl jedem klar in diesem Saale, dass der Apfel *mir* gebührt.«

So endete die Hochzeit des Peleus mit der Meerjungfrau, die so lustig begonnen hatte, mit lautem Streit und Gejammer der beleidigten Göttinnen. Schließlich wurde Zeus wütend. Er schlug mit der Hand auf den Tisch und rief: »Jetzt ist aber Schluss mit dem Gekreisch und der Heulerei! Hermes soll kommen.«

Hermes war der Götterbote, der auf Flügelschuhen alle Lande durchreiste und alle Welt kannte.

»Hermes, mein lieber Götterbote«, sagte Zeus zu ihm, »du siehst wohl, woran es uns hier fehlt: an einem wirklich unparteiischen Schiedsrichter nämlich, der den Göttinnen ein für alle Male klarmacht, wer von ihnen die Schönste ist. Wüsstest du einen solchen Mann?«

Hermes wiegte den Kopf hin und her, sann eine ganze Weile nach, wobei er sein Gesicht in Falten legte. Dann aber glättete sich seine Stirn wieder, ein Lachen erschien auf seinem Mund und er sagte: »Ich wüsst' schon einen. Es ist ein junger Hirte, der aber in Wirklichkeit ein Königssohn ist und Paris heißt.«

»Ah«, sagte Zeus und tat so, als ob er sich an den Paris erinnerte. In Wirklichkeit aber wusste er durchaus nicht, wo er den Namen hintun sollte, was ihm als dem Göttervater natürlich etwas peinlich war. »Diesen – äh … Paris meinst du?«

»Ja, ja«, sagte Hermes, »diesen Paris. Einer von den fünfzig Söhnen des Königs Priamos von Troja. Der ist der rechte Mann.«

»Wenn es der rechte Mann ist, mein lieber Hermes«, sagte Zeus, »so führe unverzüglich die drei Göttinnen zu ihm und lass ihn entscheiden.«

Gesagt, getan. Es war keine angenehme Reise für Hermes, denn die drei beleidigten Damen sprachen unterwegs kein Wort miteinander.

*

Paris lag schlafend im Schatten eines Baumes, als plötzlich einer seiner Hunde zu knurren begann. Davon wurde der junge Prinz wach. Vor ihm stand ein Mann mit einem breiten Reisehut, einem großen goldenen Stab und Flügelschuhen. Hinter ihm aber drei Frauen. Die waren so schön, dass Paris den Blick nicht von ihnen wenden konnte.

»Guten Tag, lieber Paris«, sagte der Mann und verbeugte sich ein wenig spöttisch vor dem ganz erschrockenen Prinzen. »Ich bin Hermes, der Götterbote, und bitte dich im Namen der Götter zu entscheiden, welche von diesen drei Frauen die schönste ist. Wenn du dich entschieden hast, so reich der Schönsten den goldenen Apfel, den ich dir hier gebe.« Als er dies gesagt hatte, verschwand er und Paris sah sich den drei Göttinnen allein gegenüber.

Zuerst trat Hera vor und sagte: »Ich bin Hera, die Königin der Göttinnen. Ich brauche dich wohl nicht lange zu bitten, Paris, mir den Apfel zu geben. Schon der erste Blick wird dich überzeugt haben – wenn du ein Mann von Urteil bist –, dass er mir zusteht.«

Danach bewegte sich Pallas einen kleinen Schritt vorwärts und sprach: »Ich bin Pallas, die Göttin der Weisheit. Lass dich nicht blenden, mein lieber Paris, von äußerem Rang und Stellung. Sieh mich nur einen

Augenblick genau an und gib mir dann den Apfel. Was sollen wir lange reden?«

Aphrodite aber – Aphrodite trat gar nicht vor. Sie blieb stehen, wo sie stand, und sagte lächelnd: »Möchtest du nicht eine Frau haben, lieber Paris, die mir gleicht? Nun, ich verspreche dir das schönste Mädchen auf dieser Erde. Und sie wird mir gleichen.« Dabei streckte sie die Hand aus und Paris, von ihrem Zauber geblendet, gab ihr den goldenen Apfel.

Im gleichen Augenblick waren alle drei Frauen verschwunden. Paris war wieder ganz allein mit seinen Hunden und seinen Schafen. Hatte er nur geträumt? Paris wusste es nicht. Aber er spürte von diesem Tage an eine geheime Sehnsucht, eine Unruhe, die er vorher nicht gekannt hatte, und manchmal nachts sah er im Schlaf Aphrodite vor sich und er hörte, wie sie sagte: »...ich verspreche dir das schönste Mädchen auf dieser Erde.« Paris seufzte. Das schönste Mädchen – ob die Göttin wohl ihr Wort halten würde?

*

Als Paris mit seiner Herde zurück in die Stadt Troja kam, hatte sein Vater, König Priamos, gerade beschlossen, eine Flotte nach Griechenland zu schicken. Denn etwa fünfzig Jahre zuvor hatten griechische Seeleute eine ältere Schwester des Königs aus Troja gewaltsam entführt und sie mit einem von den ihren verheiratet. Zuerst waren die Troer sehr wütend gewesen, dann hatten sie andere Dinge zu tun, aber ausgerechnet jetzt, ein Menschenalter nach der Tat, hatte irgendein Stadtrat die Sache wieder aufgewärmt und verlangte Sühne. Priamos sah das ein und er beschloss die Griechen für ihre Entführung zur Rechenschaft zu ziehen – freilich wollte man versuchen die ganze Angelegenheit friedlich zu bereinigen.

Just in diesem Augenblick erschien also Paris, und als der Blick des Königs eine Weile auf dem schönen jungen Prinzen verharrt hatte, schien es dem alten Priamos, als ob Paris der Richtige sei diese heikle Mission durchzuführen. Denn der alte König Priamos kannte seinen Paris ganz genau: Er wusste, Paris war kein Held, er würde nicht Streit anfangen um jeden Preis, aber er war nicht ungeschickt im Verhandeln, von liebenswürdigem Wesen und gutem Aussehen. Vielleicht war gerade Paris der richtige Mann den Griechen klarzumachen, dass sie Genugtuung leisten müssten, ohne dass es deswegen gleich Mord und Totschlag zu geben brauchte.

So geschah es denn also, dass Paris eines Tages mit einer Flotte von Troja aufbrach und auf Griechenland zusegelte. Als sie schon eine Weile gesegelt waren und sich den griechischen Küsten näherten, kam ihnen ein schönes Schiff mit rosa Segeln und vergoldetem Schiffsschnabel entgegen. Als das Schiff die Troerflotte auf Rufweite passierte, ließ Paris das fremde Fahrzeug anrufen um zu erfahren, wem es gehöre und wer an Bord sei. Und es erscholl die Antwort: »Dies Schiff gehört Menelaus, dem Sohn des Atreus und jetzigem König von Sparta.«

Nun wusste Paris also, wer da vorbeigesegelt war, und damit hätte es ja sein Bewenden haben können. Aber der Befehlshaber der trojanischen Kriegsflotte, der neben Paris stand, sagte: »Menelaus – Menelaus? Das ist doch der Mann der schönen Helena.«

Paris fragte: »Welche schöne Helena?«

»Ihr wollt doch wohl nicht im Ernst behaupten, mein Prinz«, sagte der Admiral, »dass Ihr noch nichts von der schönen Helena gehört habt? Sie ist die schönste Frau Griechenlands, wenn nicht der Welt. Man sagt, sie sei so schön wie die Göttin Aphrodite.«

Paris zuckte zusammen, antwortete aber nicht mit einem Wort. Eine Weile stand er so schweigend neben seinem Admiral. Dann reckte er sich und befahl: »Haltet Kurs auf die Küste der Spartaner. Wir wollen der Königin Helena einen Besuch abstatten.«

Der Admiral lächelte und sagte: »Ganz wie Ihr befehlt, mein Prinz.«

Und also erschien denn Paris in Sparta und vor dem Palast und ließ sich bei Helena melden. Helena empfing den Prinzen und war sogleich von seinem guten Aussehen und seinen liebenswürdigen Manieren sehr angetan. Paris aber – Paris konnte keine Minute mehr schlafen, seit er die Frau des Königs Menelaus gesehen. Ja, sie war so schön wie Aphrodite – am Ende gar noch schöner. Paris wollte sie besitzen.

Paris blieb mehrere Wochen und jeden Tag erschien er Helena noch schöner und liebenswerter als zuvor. Paris spürte das wohl, und als er glaubte, dass Helena ihm folgen werde, weihte er seine Mannschaft ein: Was solle man seine alte Tante, die Schwester des Königs Priamos, die mittlerweile sicher schon siebzig Jahre alt war, wieder nach Troja bringen? Wer wusste denn überhaupt, ob sie noch lebe? Wahrscheinlich sei sie längst gestorben. Wäre es da nicht viel besser, den Griechen Gleiches mit Gleichem zu vergelten und die Königin Helena zu entführen, so wie damals griechische Seefahrer die Schwester des Priamos geraubt hätten? Paris sprach so überzeugend – und außerdem war er ja auch der Prinz und der Befehlshaber –, dass die Offiziere und Soldaten der Flotte nickten und mit dem Raub Helenas einverstanden waren.

Helena selbst war noch nicht so ganz einverstanden. Sie fand, dass es denn doch nicht schicklich sei für eine Königin, einem fremden Prinzen ohne jedes Zögern zu folgen. So sträubte sie sich ein bisschen (aber nicht sehr) und war schließlich doch ganz froh, als die Trojaner mit ihr die Küste und die Schiffe erreichten, noch ehe Menelaus zurückgekommen war.

*

Menelaus aber kam zurück und er fand seinen Palast von der Königin verlassen. Gleichzeitig hatte Paris noch ein gutes Stück aus dem Staatsschatz mitgenommen, worüber Menelaus auch sehr ergrimmt war. Kurzum: König Menelaus war nicht gewillt sich die freche Tat des Paris gefallen zu lassen, eilte nach Mykene, wo sein Bruder Agamemnon residierte, um mit ihm zu beratschlagen, was jetzt zu machen sei.

Agamemnon war ein ernster, gerechter, aber auch sehr gründlicher Mann und er sagte deshalb nach reiflicher Überlegung: »Hör zu, Menelaus: Es ist zwar deine Frau, die geraubt worden ist, und es bist nur du, dem der freche Trojaner die Schmach angetan hat. Dennoch bin ich der Meinung, dass es alle griechischen Fürsten angeht. Denn was heute dir passiert, kann morgen jedem anderen von uns auch geschehen. Man wird sich nicht mehr für ein paar Stunden von seinem Palast entfernen können, ohne dass man Gefahr läuft, seiner Frau von irgendeinem frechen Trojaner beraubt zu werden. Ich bin also dafür, dass wir alle deine Schmach rächen.«

Und tatsächlich stimmten die übrigen griechischen Fürsten, die sie nun nacheinander zusammen besuchten, der Meinung des Agamemnon zu, so dass sie zuletzt nur noch den König Odysseus besuchen mussten. Odysseus war König der kleinen Insel Ithaka, eines ganz unbedeutenden Ländchens. Auch mischte er sich in keinerlei Streitigkeiten ein, sondern lebte vollkommen zurückgezogen auf seiner Insel. Und dennoch wollten die griechischen Fürsten gerade auf Odysseus unter gar keinen Umständen verzichten. Das ist rasch zu verstehen, wenn man sich einmal anhört, was für ein Mann dieser Odysseus war.

III
Der Aufbruch der Griechen

Odysseus war der Sohn des Laertes, eines milden und gerechten Königs, der sich ebenfalls, wie später sein Sohn, von den Händeln dieser Welt zurückhielt. Schon als Knabe hatte Odysseus sich allerlei Listen ausgesonnen und war auf die wunderlichsten Ideen gekommen. Als er eines Tages das Lieblingspferd seines Vaters dem Wächter unter den Augen wegstahl, ohne dass dieser den Raub bemerkte, hegte der alte Laertes sowohl Hoffnung wie auch ein wenig Furcht für die Zukunft des Sohnes. Hoffnung, weil er ja wohl sah, wie schlau der Knabe war, Furcht, weil noch niemand voraussagen konnte, ob der junge Odysseus diese Schlauheit einst zum Guten oder Schlechten anwenden würde. Auf jeden Fall dachte Laertes, dass es Odysseus nicht schaden könne in eine strengere Zucht zu kommen, als sie ihm am Hofe zuteil wurde. Und also schickte er den hoffnungsvollen Sprössling zu seinem Bruder Autolykos, der auf einem hohen Berge einsam wohnte und Löwenjäger war. Der würde dem Neffen die richtigen Sitten schon beibringen.

Dieser Autolykos nun war vielleicht ein grober, aber auch ein ehrlicher und vor allen Dingen ein tapferer und zugleich schlauer Mann. Er nahm den Neffen freundlich auf und vertraute ihm schon bald an, dass er einen üblen Streit mit den Giganten habe, den Riesen, die jenseits des

Berges wohnten. Zwar seien die Kerle zu feige, ihm selbst zu kommen, doch schickten sie von Zeit zu Zeit große Sauherden aus, damit diese bösartigen Tiere des Autolykos Felder verwüsteten. Und tatsächlich: Odysseus war noch nicht lange bei seinem Onkel, da brach eine Herde solcher Sauen wieder über die Felder herein. Autolykos, Odysseus und seine Jäger zogen mit Pfeil und Bogen auf die Jagd, und eh sich Odysseus versah, raste die Hauptsau auf ihn zu. Odysseus stieß mit dem Speer nach ihr, aber er traf sie nur in die Flanken. Und schon setzte das Tier mit seinen Hauern an, Odysseus zu zerreißen. Aber da stürzte Autolykos herbei und machte der Sau mit einem gezielten Speerstoß ein Ende. Sie hatte Odysseus mit ihren Hauern nur noch am Unterschenkel treffen können, wo eine kleine Wunde entstand. Autolykos, der nicht nur das Bogenschießen wie kein Zweiter verstand (was er auch Odysseus gelehrt hatte),

verband die Wunde mit heilkräftigen Kräutern, deren Wirkung er kannte.

Dennoch blieb eine kleine Narbe unter dem Knie sichtbar. Als Odysseus viel später wieder nach Hause kam und diese Narbe seiner alten Amme, Eurykleia, zeigte, rief sie: »Da hast du ja noch einmal Glück gehabt, Odysseus. Aber an dieser Narbe werde ich dich wieder erkennen, und wenn du zwanzig Jahre von zu Hause fort gewesen sein solltest.«

Doch Odysseus blieb zu Hause, denn die Fremde lockte ihn ganz und gar nicht. Er heiratete die schöne und brave Penelope und sie bekamen einen Sohn, den sie Telemach nannten. Als der Vater starb, erbte Odysseus das kleine Königreich.

Nun war Ithaka so abgelegen jedoch wieder nicht, und manchmal drangen Nachrichten und Gerüchte aus der großen Welt selbst bis an des Odysseus Hof durch. So hatten Odysseus und Penelope auch schon vom Raub der Helena gehört und davon, dass Agamemnon und Menelaus überall herumreisten, um die griechischen Fürsten für einen Kriegszug gegen Troja zu gewinnen. Penelope hatte große Angst, dass Odysseus ebenfalls mitmachen werde, und fragte ihn eines Tages geradezu, wie er über die Sache denke.

Aber Odysseus antwortete: »Ich denke nicht daran, wegen Helena in den Krieg zu ziehen. Ist Helena meine Frau? Haben die Trojaner mich beraubt? Nein, nein, ich bleibe hier.«

Doch Penelope erwiderte: »Sie werden dich bedrängen und bedrängen doch mitzuziehen, weil sie deine Klugheit schätzen. Und schließlich wirst du Ja sagen müssen.«

Odysseus lächelte und sagte: »Lass sie nur kommen.«

Und tatsächlich erschienen denn auch Menelaus und Agamemnon und ließen sich im Palast melden. Schon von den Dienern erfuhren sie, dass Odysseus gar nicht zu Hause sei. Und dann kam auch Penelope, die so tat, als ob sie untröstlich sei. »Stellt euch nur vor, werte Herren«, sagte sie, nachdem man einige Begrüßungszeremonien ausgetauscht hatte, »stellt euch nur vor ... Nein, es ist mir ja schrecklich peinlich das sagen zu müssen, aber es muss heraus: In meines edlen Gemahles Kopfe stimmt etwas nicht.«

»Was stimmt denn da nicht?«, fragte Agamemnon, der gar nicht begriff, was Penelope gesagt hatte.

»Nun, ich meine, er ist ein wenig wirr ...«, sagte Penelope.

»Wieso ein wenig wirr?«, fragte Agamemnon.

»Kurzum: er ist verrückt geworden«, behauptete Penelope und seufzte tief auf.

Da mischte sich der Held Palamed, ein kluger Mann aus dem Gefolge der beiden Könige, in das Gespräch und fragte: »Kann man Odysseus sehen, Penelope?«

»Ja«, sagte Penelope achselzuckend, »aber dann müsst ihr euch schon aufs Feld bemühen, werte Herren. Dort pflügt er nämlich, weil er sich einbildet, er sei ein Bauer.«

So schritten sie denn hinaus, wobei es Penelope wunderte, dass der schlaue Palamed darum gebeten hatte, den grade ein Jahr alten Telemach, den Sohn des Odysseus, mitnehmen zu dürfen, und so gestattete sie es, obwohl sie den Grund nicht einsah.

Bald schon sahen sie denn auch den Odysseus, der ein gar wunderliches Gespann führte: links einen gewaltigen

Ochsen und rechts einen kleinen Esel. Aus ihren Schwänzen hatte Odysseus Zöpfe geflochten und darein bunte Federn gesteckt. Am Ackerrand stand ein Sack mit Salz.

Die beiden Könige, das Gefolge und Penelope standen einen Augenblick stumm am Wegrand, dann rief Palamed: »Na, Bauer, willst du Salz säen?«

Odysseus hielt sein Gespann an, nickte und sagte: »Natürlich. Was denn sonst? Hast du schon einmal etwas anderes als Salz auf einem Acker wachsen sehen?«

»Der ist aber schlimm dran«, flüsterte Agamemnon leise zu Menelaus. Und Menelaus erwiderte: »Mit dem können wir nicht rechnen. Armer Odysseus.«

Aber Palamed rief laut: »Dann lass dich nur nicht stören und pflüge weiter.« Und mit diesen Worten trat er auf den Acker vor den Pflug, den Odysseus gerade wieder in Gang gesetzt hatte, und legte den kleinen Telemach vor das Gespann. Da riss Odysseus an den Zügeln, wurde kreideweiß und brachte im letzten Moment seinen Ochsen und seinen Esel zum Stehen, bevor der kleine Sohn verletzt wurde.

Palamed hob das Knäblein auf, ging auf Odysseus zu und sagte: »Nun, Odysseus, willst du immer noch dabei bleiben, dass dein Geist gestört ist?«

Odysseus warf wütend die Zügel auf den Boden und antwortete: »Gut, gut, Palamed, es ist schon gut. Ich gehe mit euch. Aber ich ahne: wir werden vieles erdulden müssen, ehe wir alle wieder zu Hause bei Weib und Kind sind.«

*

Als sich nun die Griechen auf dem abgesprochenen Sammelplatz in Aulis trafen, stellte man fest, dass zwar alle Fürsten mit von der Partie waren, dass aber ein Held noch fehlte: Achilles, der Sohn des Peleus, ebenjenes Königs von Thessalien, der vor Jahren die Meerjungfrau geheiratet hatte und auf dessen Hochzeit der verhängnisvolle Streit zwischen den Göttinnen ausgebrochen war. Aber als Menelaus einen Gesandten an den Hof des Peleus schickte, antwortete ihm Peleus klagend: »Ich weiß überhaupt nicht, wo mein Sohn steckt. Seine Mutter Thetis hält ihn schon seit Jahren verborgen.«

Und das war nun keine List, sondern das war wirklich wahr. Thetis nämlich hatte den jungen Achilles schon als Kind über ein Feuer gehalten, das sie mit dem Holz eines heiligen Baumes nährte. Von diesem Feuer sollte Achilles eine Haut bekommen, die unverwundbar war. Eines Tages überraschte Peleus Thetis mit ihrem Kinde an diesem Feuer und er schrie vor Schreck laut auf. Thetis hörte denn auch sogleich auf, den kleinen Achilles zu versengen. So kam es, dass eine Stelle, nämlich die Ferse des Kindes, noch nicht von der Panzerhaut überzogen war.

Die Mutter Thetis wusste natürlich von dieser verwundbaren Stelle. Deshalb lebte sie in der andauernden Angst, Achilles könne eines Tages in den Krieg ziehen und verwundet und getötet werden. So brachte sie den Jungen eines Tages in ein fernes Königreich zu einem guten König, der lauter Töchter hatte. Dem Achilles gefiel eine der Töchter sehr. Deshalb war es nicht schwer ihn zu überreden, doch am Hofe des Königs zu bleiben. Schwerer allerdings wurde es schon, den jungen Helden dazu zu zwingen, Frauenkleider anzulegen und so als

Mädchen unter Mädchen aufzuwachsen. So glaubte ihn Thetis vor allen Gefahren gefeit.

Aber der Seher Kalchas bekam den Aufenthalt des jungen Achilles heraus. Allerdings offenbarte ihm das Orakel nur den Ort, nicht aber die Art und Weise, in welcher Achilles dort lebte. So besuchten denn die Griechen den Hof des töchterreichen Königs, allein es war kein Achilles zu sehen. Odysseus allerdings hatte schon mehrere Tage lang die Töchter des Königs genau beobachtet. An einem schönen Vormittag, an dem die Griechen Abschied nehmen wollten, stand Odysseus mit mehreren anderen Helden vor dem Königshof. Da kamen die Mädchen. Sie kicherten und lachten und warfen ab und zu scheue Blicke zu den Männern herüber. Odysseus stand an eine Mauer gelehnt, etwas abseits von ihm sein Schild und sein Schwert. Auf einmal raste ein griechischer Soldat, den Odysseus vorher eingeweiht hatte, auf den Hof und schrie mit lauter Stimme: »Eine feindliche Flotte ist gelandet. Der Feind ist schon im Anmarsch. Rette sich, wer kann ...«

Da stoben die Töchter des Königs auseinander. Nur eine blieb stehen, lief dann mit schnellen, aber ruhigen Schritten und blitzenden Augen auf den Schild und das Schwert des Odysseus zu, um sich so bewaffnet dem Feind entgegenzustellen. Da sagte Odysseus: »Du bist erkannt, Achilles. Aber ich rate dir, deinen eigenen Schild und dein eigenes Schwert zu holen, denn meine Waffen brauche ich selber noch.«

Durch diese List hatte sich Odysseus großes Ansehen bei den Griechen erworben, und also hörten sie auch auf ihn, als er vorschlug, nicht sogleich zum Kriege auszuziehen, sondern zunächst eine Gesandtschaft nach Troja zu schicken. Sie sollte in aller Form auf Wiedergutmachung und der Herausgabe Helenas bestehen. Gäben die Trojaner nach, so sei es doch nicht nötig, einen Krieg mit ihnen zu beginnen. Denn Odysseus stand der Sinn viel mehr nach Penelope und Telemach als nach Schlachten vor Trojas Mauern. Die Griechen stimmten widerwillig zu und Menelaus als der Beleidigte wurde zum Führer der Gesandtschaft bestellt. Odysseus war sein Stellvertreter.

So segelten sie nach Troja und ließen sich bei König Priamos melden. Der alte König empfing sie freundlich und hörte sich mit großer Bestürzung an, was die beiden griechischen Könige zu sagen hatten. Er wusste nämlich noch nichts von dem ganzen Raub. Paris war mit Helena noch nicht in Troja erschienen.

Menelaus aber klagte in bewegten Worten. »Als Gast«, so sagte er, »ist dein Sohn in meinem Palast empfangen worden. Das Gastrecht hat er schmählich missbraucht. Meine Frau hat er umschmeichelt mit allerlei süßen Worten und Lautenspiel. Denn auf derlei Firlefanz versteht er sich. Ich aber bin ein rauer Mann und habe überdies als König Wichtigeres zu tun.«

Bis zu diesem Punkt der Rede waren Priamos und seine 49 Söhne, die sich um ihn versammelt hatten, ganz auf Seiten des Menelaus gewesen. Der Mann dauerte sie – außerdem konnten sie ihren Bruder Paris gar nicht so sehr gut leiden, weil sie ihn für einen Windhund hielten. Vor allem Hektor, der älteste und stärkste der Söhne, zog sein Gesicht in unwillige Falten und man sah ihm an, dass es dem Paris übel ergangen wäre, wenn er jetzt zur Stelle gewesen wäre.

Aber Menelaus ließ es nicht bei diesem Klageteil seiner Rede bewenden. Schließlich war er ja nicht nur ein trauernder, sondern auch ein beleidigter König. Und also schloss er seine Klagerede mit Drohungen: »Ganz Griechenland«, so sagte er, »ist aufgebrochen diese Schmach zu sühnen. Ich habe euch also hiermit aufzufordern, Helena und den geraubten Schatz sofort herauszugeben und außerdem Buße zu leisten. Wenn ihr das nicht wollt, so wollen wir Griechen keine Ruhe geben, bis Troja vom Erdboden getilgt ist.«

Selbst der gutmütige Priamos konnte diesen letzten Teil der Rede nicht widerspruchslos annehmen und so antwortete er: »Darf ich euch, lieber Menelaus, gütigst darauf aufmerksam machen, dass es nicht nur die Trojer sind, die Frauen zu rauben pflegen. Ich erinnere mich noch sehr gut: als ich noch ein Kind war, wurde meinem Vater von griechischen Seefahrern die Tochter geraubt. Mein Sohn Paris war ausgefahren, diese verlorene Schwester endlich wieder in ihre Heimat zu holen. Ich mache deshalb den Vorschlag – sobald Helena hier ist (noch ist sie ja nicht hier) und sobald ihr meine Schwester gefunden habt, tauschen wir die Frauen einfach aus. Dann ist der Streit zu Ende.«

Da mischte sich Odysseus in das Gespräch und sagte: »Du wirst entschuldigen, lieber Priamos, wenn ich dich unterbreche. Wir sind gerne bereit zu warten, bis Helena kommt. Aber wenn sie da ist, muss sie uns sofort ausgeliefert werden. Wir können uns nicht erst darauf einlassen, deine Schwester zu suchen, die vor vielen Jahrzehnten geraubt worden ist und von der wir nicht wissen, wo sie jetzt steckt. Am Ende – nimm mir das nicht übel – ist sie schon tot.«

So wurde die Verhandlung abgebrochen und die beiden griechischen Könige nahmen Quartier im Haus eines trojanischen Edelmannes. Beide – Troer und Griechen – warteten nun auf die Ankunft von Paris und Helena.

Paris hatte nur wenig Eile gehabt, mit der geraubten Helena und dem kostbaren Schatz nach Hause zu kommen. Die beiden waren ein bisschen in der Welt herumgesegelt, was der jungen Frau sehr gut gefiel, weil sie den immer liebenswürdigen und herzlichen Paris lieben gelernt hatte.

Dann aber hatte Paris erfahren, dass eine riesige griechische Flotte auslaufen solle, um Helena, wenn nötig mit Gewalt, wieder heimzubringen. Und diese Nachricht hatte genügt, um den leichtfertigen jungen Mann mitsamt der schönen Helena eiligst nach Troja fahren zu lassen.

Der Empfang, den die Trojaner dem Paris und der Helena bereiteten, war nun ganz und gar nicht herzlich. Mit finsteren, ja wütenden Gesichtern sahen die 49 Brüder auf Paris und die schöne Griechin. Und als er Helena dann seinem Vater vorstellte, erklärte ihm Priamos, ohne Helena überhaupt die Hand zu reichen, es sei schon eine griechische Gesandtschaft da, deren Führer der betrogene Gatte der Helena wäre, und dieser Gesandtschaft werde man die Griechin jetzt ausliefern.

Man kann sich denken, wie bestürzt Paris und Helena waren, als sie das hörten. Vor allem Helena weinte bittere Tränen der Scham und – der Angst. Denn sie fürchtete nicht mit Unrecht, dass es ihr schlecht ergehen werde, wenn sie wieder in der Hand ihres Gatten Menelaus sei, ja, dass Menelaus, ein ebenso harter wie gerechter Mann, sie vielleicht gar für ihre Untreue töten lassen würde.

Aber Paris wusste Rat. Da er bei Priamos und seinen Brüdern nichts erreichte, begab er sich spornstreichs mit Helena an der Hand zu seiner Mutter Hekuba. Hekuba rührten die Tränen der schönen Helena sogleich; außerdem freute es sie – wie es jede Mutter gefreut hätte –, dass ihr Sohn eine so wunderbare Frau bekam (und dazu noch der Sohn, der ihr immer der liebste gewesen war), und so sprach sie: »Hör nur auf zu weinen, liebe Helena. Es geht auf keinen Fall, dass du gegen deinen Willen wieder an die Griechen ausgeliefert wirst. Wenn du also hier bleiben willst, so sollst du hier bleiben können. Wenn du freilich nicht willst ...«

»Ich will, ich will!«, rief Helena unter Tränen.

Und also begab sich Hekuba zu Priamos und sagte: »Hör, lieber Priamos, das geht denn aber doch zu weit! Ihr wollt ein schutzloses Weib ausliefern? Ihr wollt Helena dem sicheren Tode preisgeben durch die Hand ihres mörderischen Gatten? Sieh ihn dir doch an, diesen Menelaus. Das ist ein finsterer, rauer Bursche, der keine Gnade kennt.«

Priamos wiegte den Kopf hin und her. Er wäre Helena wirklich gerne wieder los gewesen, aber er sah ein, dass man sie nicht ausweisen könne, wenn sie selber in Troja zu bleiben wünsche. Aber ob das auch die Griechen einsehen würden?

Priamos beratschlagte lange mit Hektor, dem ältesten und stärksten seiner Söhne, welcher nun wiederum sein Liebling war. Und Hektor sagte unwillig: »Wir hätten diesem Weib, dem es nur um seinen Liebsten geht und nicht um Troja, gar keine Gelegenheit geben sollen zu erklären, ob sie hier bleiben will oder nicht. Nun aber ist sie unser Gast und muss es bleiben. Du wirst schon sehen, Vater, was uns dieser Windhund Paris da eingebrockt hat. Aber es lässt sich nun nicht mehr ändern.«

Diesen Beschluss teilte Priamos mit leisen, aber festen Worten der griechischen Gesandtschaft mit. Und also zogen Menelaus und Odysseus wieder zu ihren Schiffen. Auf dem Schiff aber erhob Menelaus drohend die Faust gegen Troja und rief: »Ich werde die Mauern dieser Stadt einreißen und Brand in ihre Häuser werfen, so wahr mir Zeus helfe.«

Odysseus sagte nichts, sondern sah nur schweigend und nachdenklich vor sich hin.

Als die Gesandtschaft ohne Helena nach Griechenland zurückgekehrt war, zögerten die Griechen nicht mehr länger. Agamemnon, der Bruder des Menelaus, wurde zum Oberbefehlshaber der griechischen Streitkräfte ernannt, die sich nunmehr bei Aulis sammelten.

Kurz vor der Abfahrt ging Agamemnon eines Nachmittags auf die Jagd und erlegte ein weißes Rehkitz. Als das Tier aber verendend vor ihm lag, begann ein Wind zu wehen. Und als Agamemnon an den Strand zurückkehrte, da erkannte er, dass dieser Wind die Flotte der Griechen am Auslaufen hindern würde. Nun kam es ja auf ein paar Tage nicht an. Aber dieser Wind wehte über Wochen, ja Monate. So befragten sie Kalchas, den Seher. Und Kalchas sagte: »Agamemnon hat ein Tier der Artemis getötet und Artemis zürnt nun dem Agamemnon.« Als Sühne verlange sie das Blut seiner Tochter Iphigenie.

Da wurde Agamemnon sehr traurig. Denn er liebte seine Tochter Iphigenie über alles und er wollte lieber als einfacher Krieger gegen Troja ziehen, als das Mädchen zu opfern. Aber die anderen Könige und Fürsten verlangten das Opfer. Da musste Agamemnon sich fügen.

Nun beratschlagten die Fürsten, wie man Iphigenie am besten herbeischaffen könne, ohne dass ihre Mutter, Klytämnestra, die eine Schwester der Helena war, etwas davon merkte. Und sie beredeten den Agamemnon, er solle der Mutter erzählen, Iphigenie werde mit dem Helden Achilles vermählt. Dann würde sie schon mit Iphigenie kommen.

Klytämnestra war stolz und kam. Aber im Lager erfuhren Mutter und Tochter, was ihnen drohte. Klytämnestra empörte sich, doch Iphigenie sagte: »Ich will es dulden, wenn es sein muss.«

Der Altar wurde am Meer errichtet. Kalchas empfing das Mädchen, das zitternd und bleich vom Vater selbst dem Priester übergeben wurde. Kalchas ließ ihr ein Tuch über den Kopf legen, hieß sie vor dem Opferstein niederknien und nahm das bereitliegende Messer. Plötzlich verschwand das Mädchen vor seinen Augen, wehte durch die Luft wie ein Nebel. Und als der Nebel sich verzogen hatte, lag ein weißes Rehkitz mit durchschnittener Kehle auf dem Opferstein.

Agamemnon weinte vor Glück und sandte einen Boten in das Zelt, in dem Klytämnestra zurückgeblieben war. Aber der Bote fand sie nicht mehr, denn sie war in wahnsinnigem Schmerz schon zurückgeeilt in das Schloss zu Mykene. Und als sie die Nachricht dort erhielt, da traute sie ihr nur halb. Und wirklich blieb die Tochter ja auch verschwunden. Was machte es aus, ob sie nun tot oder entführt war? Klytämnestra jedenfalls, allein in Mykene, konnte keine Liebe mehr zu Agamemnon aufbringen. Und während der vielen, vielen Jahre, die jener vor Troja weilte, begann sie ihn allmählich zu hassen …

IV
Der Kampf um Troja

An einem schönen Morgen saß der alte König Priamos mit seinen 49 Söhnen auf den Zinnen der Burg. Vor ihm lag das offene Meer. Priamos war guter Laune, denn es war lange her, dass die griechische Gesandtschaft die Herausgabe Helenas gefordert hatte; es war lange her, dass Menelaus mit der Faust gedroht hatte. »Wenn die Griechen ihre Drohung wirklich hätten wahr machen wollen«, überlegte sich Priamos, »müssten sie längst hier sein. Sie werden wohl das Maul ein wenig voll genommen haben und genauso wenig unternehmen, wie mein Vater damals unternahm, als ihm die Tochter geraubt wurde!«

Nein, Priamos hatte keinen Grund unzufrieden zu sein. Auch Helena war eigentlich ein recht liebes Mädchen, und dass sie schön war wie keine andere, das wollte noch nicht mal der grimmige Hektor bezweifeln. Aber sie war auch liebenswürdig, schickte sich rasch in die Sitten der Troer, und der alte Priamos mochte sie nun schon fast wie eine Tochter.

In die morgendliche Stille fiel der erstaunte Ausruf Hektors: »Ein Schiff! Nein, zwei ... drei ...«

Ein anderer Bruder trat neben Hektor und sagte: »Ich sehe vier. Warte mal, etwas rechts davon ist ja auch noch ein Masten. Also fünf ...«

Bald sah man zehn, zwanzig, dreißig, ja weit über

hundert Schiffe. Und da wusste man: die Griechen waren gekommen.

Allen voran liefen die Schiffe des Odysseus. Odysseus nämlich hatte bei seiner ersten Fahrt nach Troja als Gesandter für alle Fälle schon einmal die Wassertiefe ausgekundschaftet, so dass er jetzt als Lotse die ganze Flotte führen konnte. Alle Schiffe kamen unter seinen Anweisungen gut an Land, die Besatzungen sprangen heraus und Odysseus begann allen Fürsten und ihren Mannschaften bestimmte Lagerplätze zuzuweisen.

Inzwischen hatten sich auf dem Dach der Burg auch die Töchter des Königs Priamos eingefunden. Und schließlich ließ Hektor Paris heraufholen, den Einzigen der Brüder, der sich jetzt wenig beim König, sondern mehr bei seiner jungen Frau befand. Ganz zum Schluss kamen auch Hekuba und Helena, um sich das Gewimmel vor den Stadttoren anzusehen.

Aber die meisten Prinzen waren guten Mutes. Sie glaubten, dass sie die Griechen schon schlagen würden.

Und vor allem glaubten sie, dass die Mauern Trojas so hoch und fest seien, dass sie keiner stürmen könne. Ja, die meisten von ihnen freuten sich auf den bevorstehenden Kampf, weil das alltägliche Leben in Troja für junge Männer im Ganzen doch recht langweilig war.

Eine Tochter des Königs hieß Kassandra. Sie hatte lange schwarze Haare und ein bleiches Gesicht. Und obwohl sie eigentlich ein schönes Mädchen war, machte sie sich nichts aus Freundschaft und Liebe. Sie konnte aber Dinge voraussehen, die später eintreffen würden. Doch keiner glaubte ihr und deswegen hatte Kassandra sich angewöhnt abseits zu gehen und laut vor sich hin zu murmeln. Das tat sie auch jetzt. Und sie murmelte nur den einen Satz: »Es wird schlimm ausgehen für Troja.«

Niemand der fünfzig Söhne des Priamos hörte ihren Satz, niemand außer einem: Hektor. Hektor stand ihr am nächsten und er hatte verstanden, was sie sagte. Aber keine Miene in seinem Gesicht verzog sich, keiner, der ihn beobachtet hätte, hätte sagen können, ob Hektor den Worten Kassandras Glauben schenkte oder nicht.

*

So begann denn der Krieg. Und es sah lange Zeit so aus, als ob die trojanischen Prinzen Recht behalten würden. Denn zwar gelang es den Griechen, die umliegenden Lande der Troer zu verwüsten, kleine Städte und Dörfer zu unterwerfen und reiche Beute zu machen, aber Troja selbst stand noch neun Jahre nach Beginn der Belagerung so fest und uneinnehmbar da wie an dem Tag, an dem die Griechen angekommen waren.

Wenn aber Soldaten neun Jahre von zu Hause fort sind, dann werden sie allmählich ungeduldig. Ein jeder möchte Mutter und Vater, Frau und Kind wieder sehen. Und ein jeder fragt sich: Wenn wir in neun Jahren keinen Erfolg gehabt haben, werden wir ihn dann überhaupt noch haben? Und so fragten sich auch die griechischen Soldaten: Wird denn Troja je fallen?

Die Stimmung im griechischen Heere aber wurde zur Katastrophe, als nun auch noch die Fürsten sich gegenseitig zu ärgern begannen. Der Streit begann damit, dass Agamemnon, dem Oberbefehlshaber, aus der Sklavenbeute die Tochter eines Priesters des Apollo zugesprochen worden war. Eines Tages erschien nun der hochbetagte priesterliche Vater im Lager der Griechen und bat den Agamemnon flehentlich, für ein hohes Lösegeld seine Tochter doch wieder freizugeben.

Die griechischen Fürsten rieten dem Agamemnon, die

Bitte des Alten nicht abzuschlagen. Denn sie fürchteten den Zorn Apollos. Agamemnon aber, der selber seine liebste Tochter Iphigenie bereit gewesen war zu opfern und der vielleicht auch jetzt bereit gewesen wäre, dem alten Priester seine eigene Tochter zurückzugeben, Agamemnon wurde gleich verstockt und böse, als ihm auch die anderen Fürsten dazu rieten. Denn er war ein Mann, der alles aus eigenem Entschluss tun wollte und der es sich als Schwäche auslegte, wenn er auf seine Freunde hörte.

So schrie er den alten Priester wütend an: »Pack dich, alter Gauner, wenn dir dein Leben lieb ist! Dein Kind geb ich nicht heraus – nicht für Geld und gute Worte.«

Weinend entfernte sich der alte Mann. Als er aber am Strand angekommen war, kniete er nieder und flehte Apollo an: »Hilf mir, himmlischer Bogenschütze, und strafe die Übermütigen, denn sie achten dich nicht und vertrauen hochmütig auf ihre Waffen.«

Und Apollo erhörte ihn. Er kam vom Götterberg herab; eingehüllt in einen giftigen Nebel ließ er sich auf einem Berg dem Griechenlager gegenüber nieder und begann mit unsichtbaren Pfeilen zu schießen. Erst zielte er nur auf die Hunde und die Maulesel, die schreiend niederstürzten und starben. Dann aber traf er auch die Menschen. Die wälzten sich am Boden, redeten ungereimtes Zeug und verstarben wenige Stunden später.

Neun Tage lang währte das Strafgericht des Apollo. Dann verlangte Achilles, dass eine Versammlung des Heeres einberufen werde. So geschah es. Und Achilles fragte den Kalchas: »Sag uns, Kalchas, womit wir den Zorn der Götter auf uns gezogen haben.«

Kalchas antwortete: »Das will ich tun, Achilles. Aber ich sage dir schon jetzt, meine Antwort wird einen mächtigen Mann erzürnen. Und so muss ich dich vorher bitten mir zu schwören, dass du mich vor dem Zorn jenes Mächtigen schützt.« Das schwor Achilles.

Da wies Kalchas auf Agamemnon und sagte: »*Er* ist es, der den Apollo gegen uns aufgebracht hat, denn er hat den Priester des Gottes unwürdig behandelt. Unverzüglich hat er dem alten Mann deshalb sein Kind zurückzugeben, wenn die Strafe aufhören soll.«

Als Agamemnon das hörte, vergaß er sich ganz und gar und begann vor Wut zu kreischen. Dem Kalchas warf er vor, alles, was er sage, sei Unsinn. Kalchas habe es gerade nötig, ihm einen Vorwurf zu machen, ihm, dem durch Kalchas' Schuld die Tochter Iphigenie verschwunden sei. Aber gut, wenn das Heer es wünsche, dann müsse er sich fügen. Er habe sich ja immer der großen Sache gefügt. Man solle also das Mädchen nehmen und es dem alten Kerl wieder aushändigen. Eines aber schwöre er: Er wolle Ersatz, unverzüglich Ersatz.

Darauf sagte Achilles: »Gut, Agamemnon, den wirst du schon kriegen. Habe nur Geduld: Troja muss bald fallen, dann sollst du Ersatz bekommen, mehr als du dir jetzt wünschst.«

»Das könnte dir so passen«, schrie Agamemnon, »dass ich auf den Fall Trojas warten muss und bis dahin leer ausgehe. Habe ich nicht gesagt, ich will *sofort* Ersatz?«

»Aber woher denn?«, fragte Achilles ratlos. »Es ist doch alles verteilt.«

»Woher, woher? Aus deinem Anteil – du hast sowieso

das meiste. Gib mir deine Sklavin Briseis, dann kann der alte Priester seine Tochter wiederhaben.«

»Aber Briseis ist mir doch rechtmäßig zugeteilt worden.«

»Wer ist hier Oberbefehlshaber, du oder ich? Ich hebe die Zuteilung eben wieder auf und verlange sie für mich. Beeil dich und hol sie!«

Achilles wollte nach seinem Schwert greifen und sich auf Agamemnon stürzen. Dann aber besann er sich und sagte: »Gut, Agamemnon. Du bekommst Briseis. Aber höre, was ich schwöre: Solange dies Schwert an meiner Hüfte hängt, werde ich es nicht mehr für die Griechen ziehen. Und wenn Hektor euch alle erschlägt – mich geht das nichts mehr an.«

Und mit diesen Worten drehte er sich um und ging zu seinen Schiffen.

Da erhob sich Odysseus und sagte: »So siegen denn wieder einmal Zwietracht und Neid. Lasst mich jetzt wenigstens die Tochter zu ihrem Vater zurückbringen, damit die Strafe Apollos aufhört.«

So geschah es. Aber es geschah auch, dass Achilles durch seinen Freund Patroklos die Briseis an Agamemnon ausliefern ließ und dabei noch einmal wiederholte: »Sag allen Griechen, wenn nun Unheil über sie kommt, so sollen sie sich an Agamemnon wenden und nicht an mich. Ich habe damit nichts mehr zu tun.«

*

Als die griechischen Soldaten sahen, dass Achilles und seine Leute Ernst machten mit ihrem Versprechen, dass sie, statt sich am Kampfe zu beteiligen, bei ihren Schiffen blieben, Brettspiele machten und Boxkämpfe miteinander ausführten, da brach im Lager des Heeres offene Meuterei aus. Ohne dass Befehl gekommen wäre, begannen die Soldaten die Schiffe wieder seeklar zu machen und alles für die Heimreise zu rüsten. Keiner der Fürsten wagte ihnen entgegenzutreten. Auch Agamemnon nicht.

Einzig und allein Odysseus begab sich zu seiner Mannschaft, einen Knüppel in der Hand, und beschimpfte seine Leute auf das Heftigste. »Wart ihr nicht alle dafür, nach Troja aufzubrechen«, rief er, »und jetzt wollt ihr wieder nach Hause, ihr Feiglinge? Nur weil die Stadt nicht von heute auf morgen fällt? Schämen sollt ihr euch!« Und er begann auf die Ersten, die packten, mit seinem Knüppel einzuschlagen, so dass sie laut schrien und von ihren Vorbereitungen ablassen mussten. So bekam er seine eigenen Soldaten wieder zu Ruhe und Ordnung.

Schlimm aber sah es bei den anderen Heerhaufen aus. Hier gab es einen gewissen Thersites, der daheim in Griechenland Landvogt in einer ärmlichen Gegend war, ein hässlicher Mann mit grünen Augen, rotem Haar und ungleichen Füßen. Dieser Thersites hatte schon während der ganzen neun Jahre nichts anderes getan als gestänkert. Und nun sah er seine große Stunde gekommen.

»Hört nicht auf den verrückten Odysseus«, schrie er, »der euch alle hier noch dem sicheren Tod ausliefern wird. Hört auf mich. Troja ist uneinnehmbar. Macht euch doch nichts vor! Wir müssen heim, je schneller, je besser. Wählt mich zum Anführer, ich bring euch sicher zurück zu Frau und Kind.«

Die Soldaten, die neun Jahre lang über den Thersites

gespottet hatten, lachten nun nicht mehr über seine Rede. Sie nickten beifällig zu seinen Worten und forderten eine Versammlung, auf der Thersites zum Heeresführer gewählt werden sollte. Und tatsächlich trat das Heer auch an. Agamemnon versuchte zu sprechen, aber Thersites brach aus der Reihe der Soldaten hervor und kreischte: »Du halte mal den Mund. Du bist der Hauptkriegsverbrecher. Von dir wollen wir nichts mehr hören. Du erzürnst sogar den Achill, nur weil du nicht genug Beute bekommen kannst ...«

Aber da fuhr Odysseus wie ein Sturmwind über den Platz und begann mit seinem Knüppel auf den Thersites einzuhauen. Der schrie aus Leibeskräften. Er lief fort, Odysseus immer hinterher. Und immer wieder traf Odysseus ihn und immer lauter schrie Thersites. Er versuchte zwischen den Reihen der Soldaten zu verschwinden. Aber Odysseus folgte ihm auch dahin und schlug erbarmungslos auf ihn ein.

Da begannen erst ein paar und schließlich alle Soldaten laut zu lachen. Und als sie so lachten, fiel die schlechte Stimmung von ihnen ab und sie fühlten sich auf einmal wieder frei und glücklich. Sie sahen auf die Mauern von Troja, und die Mauern von Troja kamen ihnen plötzlich nicht mehr so hoch und so uneinnehmbar vor wie neun Jahre zuvor.

So war die Meuterei und die Rede des Thersites in wenigen Minuten vergessen und man beschloss, auch noch das zehnte Jahr auszuhalten, weil Troja doch endlich fallen müsse.

*

Inzwischen aber hatten die Troer gemerkt, dass im griechischen Lager Streit ausgebrochen war. Vor allem sahen sie schon seit Tagen, dass Achilles nicht mehr in den Kampf eingegriffen hatte. Diesen Streit wollten sie ausnutzen, und ehe die Griechen sich's versahen, brachen sie zum Sturmangriff aus den Stadtmauern hervor. Als Erster trat ein Mann im Leopardenfell mit bunten Federn am Helm vor die Schlachtreihe der Troer. Es war Paris, der Räuber Helenas und ihr Gatte. Mit großmäuligen Worten forderte er den Besten aller Griechen zum Kampf heraus, bevor die allgemeine Schlacht begonnen hätte. Denn Paris wusste wohl, dass Achilles seine Aufforderung ja nicht hören würde ...

Aber ein anderer hörte sie und wilde Freude ergriff ihn. Das war Menelaus. Er sprang von seinem Streitwagen und raste vor die vorderste Linie der Griechen, von schrecklicher Begeisterung erfüllt, endlich mit dem Räuber seiner Frau abrechnen zu können. Seine Augen glühten und sein schwarzer langer Bart flatterte im Wind.

Als Paris ihn sah, wurde ihm bange ums Herz. Er wich erst ein paar Schritte, dann lief er im vollen Galopp zurück in die Reihen seiner Landsleute. Das sah sein Bruder Hektor.

»Jetzt, Freund Paris«, sagte er und sein Gesicht war weiß vor Wut, »jetzt ist's aber genug. Frauen rauben, das kannst du, aber wenn du die Suppe auslöffeln sollst, die du uns allen eingebrockt hast, dann zeigt sich, was du wirklich bist: ein eitler Fatzke und ein Feigling. Ich wollte lieber, du wärest tot, erschlagen von Menelaus – dann hättest du doch wenigstens gekämpft.«

Paris wurde blass, als er das hörte, und antwortete:

»Du bist hart, Hektor. Was kannst du denn dafür, dass die Götter dich zum Helden und mich zum Feigling bestimmt haben? Ist es dein Verdienst, dass du einen starken Arm hast und ich einen schwachen? Willst du mir die Schuld dafür in die Schuhe schieben, dass ich den Frauen gefalle und du nicht? Alles dies, lieber Hektor, ist der Wille der Götter.«

Hektor sah Paris an, sagte aber nichts.

Und Paris fuhr leiser fort: »Aber ich will dich zufrieden stellen, du harter Bruder, obwohl es über meine Kraft geht. Ich werde mich dem Menelaus zum Zweikampf stellen. Falle ich oder werde ich verwundet, so sollt ihr ihm Helena wieder ausliefern und die Griechen mögen dann abziehen. Siege ich, so behalte ich Helena und die Griechen müssen ohne sie wieder nach Hause zurückkehren.«

Hektor nickte mit dem Kopf und sagte: »Gut, Paris, das ist ein Vorschlag, der mir gefällt.« Und sogleich machte er den Griechen und seinem eigenen Heer, indem er vor die vorderste Front ritt, ein Zeichen mit der Lanze, woraus man erkennen konnte, dass er etwas zu sagen habe. Agamemnon erkannte das Zeichen und befahl mit lauter Stimme, die Schwerter in die Scheide zu stecken, um zu hören, was Hektor sagen wolle. Allmählich trat Stille ein. Als es so ruhig geworden war, dass man zwischen den Waffen tragenden Heeren eine Stecknadel hätte fallen hören können, verkündete Hektor des Paris Vorschlag. Er kam für beide Seiten überraschend und zunächst erfolgte keine Antwort. Dann aber rief Menelaus: »Ich bin einverstanden. Mit einem solchen Zweikampf hat der lange Hader ein Ende und Troja und Griechenland können sich wieder versöhnen. So lasst uns denn diesen Zweikampf und die Abmachung, die daran gebunden ist, vor Zeus mit einem Opfer beeiden.« Und so geschah es.

In Troja sprach sich in Windeseile herum, was draußen auf dem Schlachtfeld abgemacht worden war. Fast alle Einwohner stiegen auf die Mauern um voller Hoffnung dem Schauspiel des Zweikampfs beizuwohnen, der ja so oder so den langen Krieg beenden musste. Ganz zuletzt kam Helena. Wenn es überhaupt möglich war, so war sie in den neun Jahren, die sie nun in Troja weilte, noch schöner geworden. Sie sah nun wirklich aus wie Aphrodite. Und jeder, der sie sah, gab zu, dass sich ein Zweikampf um eine so schöne Frau lohne.

Der alte Priamos rief freundlich: »Komm näher, liebe Tochter. Erklär mir doch, wer die einzelnen Griechen sind. Wer ist zum Beispiel dieser Mann mit dem schwarzen Schnurrbart? Er ist wohl der Oberbefehlshaber?«

»Ja«, sagte Helena, »es ist Agamemnon, mein Schwager.«

»Aha«, sagte Priamos, »das ist Agamemnon. Er hat eine gewisse Ähnlichkeit mit deinem früheren Mann, dem Menelaus. Nur ist er fast noch mächtiger anzusehen als der.«

Helena errötete, sagte aber kein Wort.

»Und wer ist ...«, wollte Priamos noch fragen, da kam ein Offizier und meldete ihm, dass er von den beiden Heeren beim Opferstein erwartet werde, damit er den Vertrag bekräftige.

So stieg denn der alte König von den Zinnen in seinen Wagen und fuhr vor das Stadttor hinaus, wo die Heere warteten. Man hatte aus Felssteinen rasch einen Altar errichtet. Agamemnon und Odysseus traten von den Griechen heran und grüßten Priamos durch eine Verbeugung. Soldaten erschienen mit den Opferlämmern und dem Messer. Sie mischten Wein und Wasser und besprengten die drei Könige und den Altar. Sodann rief Agamemnon den Zeus an und schlachtete die Lämmer. Die Könige sprachen vor und alle sprachen nach: »Sieh herab auf uns, Zeus. Wir schwören dir einen gerechten Zweikampf und ein beständiges Wort.«

Danach verabschiedete sich Priamos von Agamemnon und Odysseus. »Ich bin, ihr Herren«, sagte er, »zu alt und zu schwach, dem Zweikampf meines eigenen Sohnes zuzusehen. Lasst mich in die Stadt zurückkehren und es den Göttern überlassen, wer der Sieger bleiben wird.«

Hektor und Odysseus maßen nun den Kampfraum ab und markierten ihn. Dann tat Hektor zwei Lose in seinen Helm und schüttelte ihn mit abgewandtem Gesicht. Zuerst sprang das Los des Paris heraus: Er durfte also den ersten Speerwurf tun.

Inzwischen hatten sich beide Kämpfer eingestellt. Sie traten in den abgezäunten Raum und Paris warf. Sein Speer traf aber nur des Menelaus Schild, so dass die Lanzenspitze sich bog, als sie auf den Erzbeschlag aufprallte. Menelaus' Speer dagegen durchstieß den Schild des Paris und verwundete ihn an der Hüfte. Menelaus zog sein Schwert und hieb Paris über den Kopf. Doch das Schwert zersprang. Da packte Menelaus die schönen Federn aus Paris' Helmbusch, riss seinen Gegner zur Erde und wollte ihn vom Kampfplatz schleifen. Schon nach ein paar Schritten riss der Helmriemen, sonst wäre Paris er-

würgt worden. Nur der Helm blieb in Menelaus' Hand. Zornig warf er ihn nach hinten in die griechischen Reihen und drehte sich wieder nach Paris um. Aber Paris war nicht mehr da. Der Platz war leer. Menelaus sprang wie ein gereizter Stier auf dem Schlachtfeld umher, ja, er begab sich sogar zwischen die Troer und rannte hinter die einzelnen Reihen, um den Paris zu entdecken. Aber Paris war fort, als hätte ihn die Erde verschluckt.

Oben auf der Zinne hatte Helena dem Zweikampf zugesehen, bis Paris verschwand. Da eilte sie von bangen Ahnungen getrieben von der Zinne herab in ihre Kammer; und tatsächlich, was sie befürchtet hatte, traf zu: auf ihrem Bett saß bereits Paris und lächelte sie ein wenig verlegen und schuldbewusst an.

»Du Feigling!«, schrie Helena, »mach, dass du hinauskommst, du bringst Schande über mich.«

»Kind, Kind«, sagte Paris und griff nach ihrer Hand, »was schreist du denn so wie mein Bruder Hektor? Die Götter haben eben nicht gewollt, dass er mich tötete. Darum sitze ich hier. Nun komm, küss mich und sei froh, dass ich lebe.« Da umarmte Helena ihn und war tatsächlich froh, dass er lebte.

*

Inzwischen raste Menelaus noch immer wie ein Irrsinniger in den trojanischen Reihen umher um den Paris zu finden. Außer seinem Geschnauf und Gestöhne und seinem halblauten Fluchen sprach kein Mann in den beiden Heeren ein Wort. Endlich, als es auch dem Menelaus klar wurde, dass Paris entwischt und nicht mehr aufzuspüren war, trat Agamemnon vor und sprach: »Es ist wohl nicht daran zu zweifeln, dass Menelaus gesiegt hat. Jedenfalls sehe ich auf dem Kampfplatz nur noch Menelaus – Prinz Paris aber ist verschwunden.«

Die Griechen lachten laut und die Troer schwiegen verlegen.

»Nun denn«, sagte Agamemnon, »gebt Helena heraus, wie es abgemacht war, dann wollen wir in Frieden abziehen.«

Immer noch schwiegen die Troer. Aber einer von ihnen, ein guter Bogenschütze, war so wütend über die Feigheit seines Prinzen, dass er glaubte, er müsse auf der Stelle wieder gutmachen, was jener versäumte. Und also nahm er seinen Bogen, legte seinen Pfeil auf Menelaus an und schoss. Der Pfeil traf den König am Gürtel, das Blut spritzte aus einer tiefen Wunde.

Ein Schrei der Empörung brach aus dem griechischen Heer. Agamemnon rief: »Lieber Bruder, das verzeihe ich ihnen nie. Lieber wollen wir vor Troja sterben, als diese Schmach ungestraft hingehen lassen.«

Ein Arzt wurde herbeigeholt und es zeigte sich, dass die Verwundung des Menelaus gar nicht so schlimm war. Aber sie genügte den Waffenstillstand abzubrechen. Schweigend und mit finsterer Entschlossenheit rückten die beiden Heere wieder aufeinander zu.

*

Bald war der Kampf im vollen Gange. Zuerst schienen die Griechen erfolgreicher, so dass die Trojaner bis fast an die Stadtmauern zurückgedrängt wurden. Hektor eilte in die Stadt zurück, um Pallas Athene ein Opfer bringen zu lassen, da man die Göttin auf Seiten der Griechen wähnte. Unterwegs begegnete ihm seine Frau Andromache mit dem kleinen Sohn auf dem Arm. Sie weinte verzweifelt und rief: »Hektor, geh nicht mehr hinaus aufs Schlachtfeld. Mein Vater und sieben Brüder sind gegen die Griechen gefallen. Ich habe nur noch dich. Habe doch Mitleid mit deinem Sohn. Soll er als Waise aufwachsen? Denn wenn du stirbst, sterbe auch ich. Verteidige die Stadt von den Zinnen, indem du deinen Soldaten Befehle gibst.«

Aber Hektor sprach: »Andromache, das kannst du nicht von mir erwarten. Wenn ich so handeln wollte, wie du willst, muss ich mich schämen und bin nicht besser als Paris. Und wenn ich sterbe, so brauche ich wenigstens nicht zu sehen, wie man dich als Kriegsgefangene verschleppt.« Mit diesen Worten wollte er das Kind auf den Arm nehmen, aber der kleine Junge weinte, denn er fürchtete sich vor dem Helm des Vaters. Da nahm Hektor den Helm ab und nun lachte das Kind und erkannte seinen Vater. Hektor streichelte es und sagte leise: »Werde glücklicher als ich, mein Kind. Lebt wohl, meine Lieben.« Und er stürzte sich wieder in die Schlacht.

Hektor kämpfte wie ein Löwe und es gelang ihm, die weichenden Reihen der Trojaner zum Stehen zu bringen. Ja, mehr noch: Ehe die Nacht einbrach, drangen die Trojaner vor, so sehr die Griechen sich auch wehrten. Bei Beginn der Dunkelheit hatten die trojanischen Soldaten fast das griechische Schiffslager erreicht und Hektor ließ sie auf dem freien Feld ein Lager aufschlagen. Von den Griechen waren sie nur durch einen kleinen Fluss, der hier ins Meer mündete, getrennt.

Die Stimmung im griechischen Lager war verzweifelt. Selbst Agamemnon wollte nun in die Heimat zurückkehren. Da sprach Nestor, der älteste unter den griechischen

Königen: »Es gibt eine Rettung, Agamemnon, das weißt du genau. Du musst dich mit Achilles vertragen. Er allein kann die Schlacht noch retten.«

Agamemnon zögerte einen Augenblick mit der Antwort und man sah, wie schwer er sich tat, aber dann erwiderte er: »Ja. Ich will tun, was ihr verlangt. Ich gebe ihm seine Sklavin zurück und noch viele andere Mädchen dazu. Wenn wir wieder daheim sind, kann er eine meiner Töchter zur Frau nehmen, wenn er das will. Nur jetzt soll er uns helfen.«

Odysseus, der Gewandte und Listenreiche, wurde ausgewählt, dem Achilles das Angebot zu überbringen. Sie trafen ihn, wie er auf der Leier spielte, während sein Freund Patroklos ihm zuhörte. Achilles empfing den Odysseus sehr freundschaftlich. Odysseus schilderte die Lage der Griechen, erzählte, dass sie keinen anderen Ausweg mehr wüssten als den, heimzufahren, es sei denn, Achilles helfe ihnen das Kriegsglück zu wenden.

Aber Achilles schüttelte den Kopf. »Nein«, sagte er, »Agamemnon hat mich zu sehr verletzt. Ich kann euch nicht mehr helfen. Es muss bei dem bleiben, was ich gesagt habe.« Und nach einer Weile des Schweigens fügte er leiser hinzu: »Aber ich mag auch nicht zusehen, wie Hektor alle meine Freunde abschlachtet. Deswegen werde ich morgen in aller Frühe mit meinen Soldaten in die Heimat zurückfahren.«

Es nützte auch nichts, dass selbst Patroklos für die Griechen Partei nahm und in seinen Freund Achilles drang, seine Meinung doch zu ändern. Achilles blieb fest. Odysseus aber kehrte ohne Erfolg und voller Sorgen zu den anderen Griechen zurück.

Gleich beim Morgengrauen begann die Schlacht erneut. Und ob die Griechen auch fochten wie die Löwen, ob auch Agamemnon, Menelaus und Odysseus um sich schlugen, dass die Troer in Mengen fielen – das Kriegsglück war ihnen nicht hold. Schon am Vormittag wurde Agamemnon durch einen Speer in den Arm getroffen. Zuerst machte er sich nichts aus der Wunde, aber mittags musste er sich vom Kampfplatz entfernen um sich verbinden zu lassen. Das sah Hektor und er rief laut und höhnisch: »Agamemnon reißt schon aus. Vorwärts denn, Trojaner!«

So übernahm Odysseus die Führung der Griechen. Aber schon etwas später traf Odysseus ein Pfeil des Paris und auch er musste die Schlacht verlassen. Nun führte der gewaltige Aias die Griechen. Doch auch er konnte das Kriegsglück nicht wenden. Die Schlacht wogte jetzt unaufhörlich auf das griechische Schiffslager zu. Dabei kämpften die beiden Parteien auf dem linken Flügel eine Zeit lang im Angesicht des untätig an seinen Schiffen hackenden Achill und dessen Mannschaft. Denn Achills Schiffe waren am nächsten der trojanischen Stadtmauern an Land gezogen worden. Die Trojaner hüteten sich wohl, Achilles oder seine Leute anzugreifen. Sie taten, als ob sie ihn und die Seinen gar nicht sähen, und auch Achilles rührte sich nicht.

Aber als Achilles bemerkte, dass Agamemnon und Odysseus verwundet waren, schickte er doch den Patroklos zu Nestor um zu fragen, wie es stünde. Doch es schien schon zu spät. Denn die Troer hatten inzwischen unter Hektors Führung den Eingang zum Schiffslager erzwungen. Die Griechen wehrten sich verzweifelt und tatsächlich gelang es dem riesenhaften Aias, das Lager vor einer Überflutung durch die trojanischen Soldaten zu bewahren. Es glückte den Griechen, die Trojaner wieder aus dem Lager herauszudrängen, vor allem deshalb, weil Hektor selbst von einem Stein des Aias getroffen worden war und bewusstlos zurückgetragen werden musste.

Aber dies Kriegsglück währte nicht lange. Hektor kam bald wieder zu sich und stürzte sich mit heiseren Wutschreien erneut in die Schlacht. Die Troer, die einen Augenblick gewankt hatten, stürmten vor. Zum zweiten Mal gelang ihnen der Einbruch ins griechische Lager. Diesmal konnte der rasende Aias sie nicht mehr aufhalten. Sie drangen bis zu den ersten Zelten vor, stürmten sie, waren jetzt schon fast am Opferplatz, wo sich die griechischen Soldaten zu versammeln pflegten. Greifbar nahe vor den Trojanern lagen die Schiffe. Wenn sie die Schiffe erreichten, waren die Griechen verloren. Und wer sollte sie daran hindern?

Die Trojaner spürten, dass der entscheidende Sieg über die Belagerer dicht bevorstand. Mit letzter Kraft und lauten, anfeuernden Rufen drangen sie weiter vor, gewillt, das beinahe sichere Ende des Krieges nicht mehr aus den Händen zu lassen. Jetzt schrie Hektor schon nach Fackeln, um damit die Schiffe in Brand zu werfen. Aias kämpfte wie ein Rasender, aber es nützte nichts: Die erste Fackel flog und das erste Schiff der Griechen loderte hell auf. War dies das Ende?

*

Unbeweglich saß Achill auf seinen Schiffen und sah der Niederlage der Griechen zu. Da stürzte sich Patroklos vor ihm auf die Knie und bat: »Erbarme dich doch, Achill, des Unglücks unserer Landsleute! Sie werden hoffnungslos geschlagen werden, wenn du jetzt nicht eingreifst. Erbarme dich!«

Aber Achilles schüttelte das Haupt.

Da rief Patroklos in höchster Not: »Dann erlaube wenigstens deinen Soldaten und mir in den Kampf einzugreifen. Und erlaube, dass ich deine Rüstung anziehe. So werden sie mich eine Zeit lang für dich halten. Vielleicht genügt das schon, das Kriegsglück zu wenden.«

Achilles seufzte auf und antwortete: »Gut. Das will ich erlauben. Aber du versprichst mir, dass du nur so lange kämpfst, bis die Trojaner aus dem griechischen Lager verdrängt sind. Dann ist es genug und du kommst spornstreichs zurück.«

Das versprach Patroklos, zog die Rüstung des Achill an und eilte mit den Soldaten in die Schlacht.

*

Und tatsächlich wendeten Patroklos und seine Schar das Kriegsglück. Als die Troer die Rüstung des Achill erkannten, erschraken sie, während die Griechen in lauten Jubel ausbrachen. Patroklos fuhr wie ein Löwe zwischen sie, und schon bald war die trojanische Streitmacht aus dem Griechenlager verdrängt und wich wieder über das weite Schlachtfeld auf die eigene Stadtmauer zu. Allein Hektor hatte ohne Furcht, mit kühler Gelassenheit, dem Kämpfen des Patroklos zugesehen. Und wie er dessen Schwerthiebe beobachtete, kam ihm plötzlich der Gedanke, dass dies zwar ein tapferer Held, aber dennoch nicht der Achilles selbst war. Und also blieb er vor dem Stadttore stehen und erwartete den Patroklos.

Wie ein Wütender fuhr Patroklos auf Hektor los. Längst hatte er vergessen, dass er dem Achill ja versprochen hatte, die Trojaner lediglich aus dem griechischen Lager zu vertreiben; längst hatte er vergessen, dass Achilles ihm noch nachgerufen hatte, er solle sich nur ja nicht mit Hektor einlassen. Denn dem sei er nicht gewachsen. Patroklos sah nur noch fliehende Trojaner und jetzt einen, der standhielt. Den wollte er niederschlagen. Doch dieser eine war Hektor.

Ein mörderischer Zweikampf begann. Noch nie hatte Patroklos so gut gefochten wie jetzt. Eine Zeit lang sah es aus, als ob er den größten Helden der Trojaner, als ob er Hektor standhalten, ja ihn vielleicht töten könne. Auf einmal aber überkam den Patroklos ein Schwindel. Der Helm flog ihm vom Haupte, der Schild entglitt seiner Faust, seine Lanze splitterte. Ihm selber war so taumelig zu Mute, dass er sich kaum auf den Füßen halten konnte. Da lief ihn Hektor an und stieß ihm das Schwert in den Leib, dass Patroklos sterbend herniedersank, und Hektor spottete: »Du wolltest Troja stürmen, nicht wahr? Nun werden dich die Geier fressen. Und kein Achilles kann dich retten ...«

Dem Tode nahe entgegnete Patroklos: »Spotte nicht. Auch dein Ende ist nahe und ich weiß, wer dich töten wird.« Mit diesen Worten starb er.

Hektor aber hörte nicht auf seine Rede. Er war von einem grimmigen Stolz erfüllt, zog dem Toten die Rüstung aus, weil er sie selbst besitzen wollte. Um den nackten Leichnam des Patroklos entbrannte ein heftiger Kampf. Erst am späten Abend gelang es den Griechen, den toten Freund des Achilles zu bergen.

*

Und immer noch saß Achill untätig bei den Schiffen. Aber böse Ahnungen durchströmten ihn und er betete zum Himmel: »Götter, lasst die Griechen siegen und Patroklos gesund wiederkommen.«

Es kam aber nicht Patroklos, sondern sein weinender Wagenlenker, und er rief: »O Herr, Patroklos ist tot. Hektor hat ihm die Rüstung ausgezogen. Erst jetzt gelang es den Griechen, wenigstens seinen nackten Leichnam zu bergen.«

Da warf sich Achilles auf die Erde und weinte und

schrie so laut vor Schmerz und Zorn, dass es bis auf den Meeresgrund drang, wo Thetis wohnte. Sie brach in Tränen aus, als sie die Stimme des Sohnes erkannte, dann tauchte sie empor, um dem Achilles zu erscheinen und beizustehen.

Unter ihren gütigen Worten beruhigte sich der Held langsam wieder. Aber sein Herz brannte vor Rache. Thetis versprach ihm eine neue Rüstung zu besorgen und neue Waffen. So lange solle er noch warten. Das sagte Achilles zu.

Am anderen Morgen, kaum dass die Sonne über dem Meer aufging, erschien Thetis wieder mit einer Rüstung, die dem Helden passte wie angegossen. Nebenan in der Kammer lag der tote Patroklos. Dem benetzte Thetis mit Ambrosia die Lippen, damit kein Zeichen des Verfalls ihm Antlitz und Glieder entstellte. Dann ging die Göttin wieder.

Und Achill trat auf den Sammelplatz und rief mit seiner hellen Stimme das ganze Heer. Alle hörten es und liefen voll Freude und Überraschung herbei. Und Achill rief: »Hiermit entsage ich meinem Groll. Auf in den Kampf! Ich habe meinen toten Freund zu rächen.«

Da freuten sich die griechischen Fürsten und Agamemnon sprach: »Was war nur in mich gefahren, dass ich dich je kränkte? Aber ich will alles wieder gutmachen.«

»Das kannst du tun oder auch lassen, mir liegt nichts mehr daran«, antwortete Achill. »Mir liegt nur noch an Rache.«

*

So begann die größte Schlacht vor Trojas Mauern. Aber so tapfer die Trojaner auch fochten, immer weiter wurden sie auf die Stadtmauern zurückgedrängt, denn Achill wütete unter ihnen wie ein Löwe unter einer Schafherde. Viele der Troer erreichten nicht mehr das Stadttor, so dass sie sich in den kleinen Fluss oder das Meer stürzten. Aber selbst dorthin folgte ihnen Achill und tötete sie. Der alte König Priamos ließ beide Flügel der Stadttore weit öffnen um die Flüchtigen aufzunehmen. Allein Hektor blieb draußen und verschmähte die Flucht. Er wusste: die Entscheidung war da und es ziemte sich nicht für einen Mann ihr auszuweichen.

Da erschien Hekuba auf der Stadtmauer und bat ihren ältesten Sohn flehentlich, sich innerhalb der Mauern in Sicherheit zu bringen. Doch Hektor schüttelte den Kopf.

Als aber Achilles kam, der die letzten Trojaner, die das rettende Tor nicht mehr erreicht hatten, niedergemacht hatte, als aber Achilles kam, einem glühenden Rachegott ähnlicher denn einem irdischen Helden, da begann selbst Hektor zu zittern. Er wollte sich ins Stadttor flüchten. Zu spät: Achilles schnitt ihm den Weg ab. Hektor floh längs der Stadtmauer. Achilles folgte ihm. Dreimal umrundeten sie so die Stadt. Von der Mauer sahen die Troer dem grausamen Wettlauf zu. Auf dem Schlachtfeld standen die Griechen und schwiegen. Selbst die Götter droben über den Wolken hielten den Atem an.

Schließlich waren beide Läufer erschöpft. Achill blieb stehen und gab die Verfolgung auf. Nun hätte Hektor sich retten können. Aber genau zu diesem Zeitpunkt überwand er seine Angst. Auch er blieb stehen und rief:

»So muss denn einer von uns sterben. Doch vorher wollen wir uns versprechen, dass der Sieger den Überwundenen ungeschändet den Seinen ausliefert.« Achilles antwortete: »Zwischen uns beiden gibt es keine Versprechen. Ich habe Patroklos zu rächen und werde dich töten und schänden.« Und damit warf er seinen Speer. Hektor bückte sich und der Speer flog über ihn hinweg ins freie Feld. Nun warf Hektor. Die Lanze prallte vom Schild des Achill ab und Achill nahm sie an sich. Hektor zog sein Schwert und lief auf Achilles zu. Achill wehrte ihn ab und spähte gleichzeitig, wo die Rüstung Hektors, die ja seine eigene alte Rüstung war, den Körper des etwas größeren Trojaners nicht ganz deckte. Und er sah eine Spalte oberhalb der Schulter, da, wo der Hals ansetzt. Da schwang er Hektors Lanze, die er noch immer in der Hand trug, und stieß zu. Die Lanze drang in Hektors Hals, so dass die Spitze am anderen Ende wieder hervorsah. Hektor fiel um und bat mit sterbender Stimme: »Lass meinen Leichnam meinen armen Eltern, damit sie mich begraben.«

Aber Achilles lachte nur höhnisch auf und Hektor starb. Nun kamen die Griechen von allen Seiten um den größten Helden des Feindes, der tot vor ihnen am Boden lag, zu bestaunen. Achilles winkte seinen Streitwagen heran. Dann zog er dem Hektor die Rüstung aus, band dessen nackte Füße mit einem Riemen zusammen und befestigte den Riemen hinten an seinem Streitwagen. Er bestieg den Streitwagen und schleppte den Leichnam des trojanischen Helden durch den Staub des Schlachtfeldes bis an sein Schiffslager. Oben auf der Mauer standen Priamos und Hekuba, rangen die Hände und konnten

nicht helfen. Ganz zuletzt, als Achilles schon fast in seinem Lager war, kam auch Andromache, die Frau Hektors, hinzu. Als sie sah, was geschehen war, sank sie ohnmächtig nieder.

Nun bestatteten die Griechen unter großen Feierlichkeiten und mit Leichenspielen den Patroklos. Während dieser ganzen Zeremonie lag der tote Hektor nackt und ungeschützt auf der Erde neben dem Zelt des Achill. Aber die Götter ließen nicht zu, dass sich Fliegen auf seinen Leichnam setzten oder dass sich einer der Griechen an ihm vergriff. Und in der Nacht erschien Thetis dem Achill und sprach mit zorniger Stimme: »Deine Rache geht zu weit, mein Kind. Sie schickt sich nicht für einen Helden. Bereite dich vor den Leichnam des toten Hektor herauszugeben, damit die Seinen ihn bestatten können.«

Das sah Achilles ein und nickte.

In Troja aber war des Jammerns kein Ende. Unter den wenigen Söhnen, die ihm noch geblieben waren, saß der greise Priamos und streute Asche auf sein Haupt. Er weinte. Erst am anderen Morgen wurde er der Tränen Herr und sprach: »Es ziemt mir nicht als König und als Vater hier weinend herumzusitzen. Ich muss handeln und ich weiß auch, was ich zu tun habe.« Er stand auf und befahl einigen seiner Diener, ihn zum Staatsschatz zu begleiten. Vom Staatsschatz nahm er Gold und Schalen aus edlen Steinen, Feierkleider und Mäntel sowie kunstvoll verzierte thrakische Becken. Als Hekuba ihn mit diesen Schätzen beladen sah, fragte sie angstvoll, was er denn vorhabe. Und Priamos antwortete: »Ich will ins griechische Lager zu Achill um den Leichnam meines Sohnes auszulösen.«

Da warf sich Hekuba jammernd vor ihm auf die Knie und wollte ihn hindern seinen Weg zu gehen. Des Achill Herz kenne kein Erbarmen, schrie sie. Er werde mit teuflischer Freude auch den Vater töten, wenn er sich so leichtfertig in seine Gewalt begäbe. Priamos solle ablassen von seinem Vorhaben, das nur neues Unglück über Troja bringen könne. Andere Troer kamen hinzu und sprachen wie Hekuba, aber Priamos jagte sie mit festen Worten weg und begab sich, nur von einem greisen Diener begleitet, vor das Stadttor.

Es war eine dunkle, sternlose Nacht und das Schlachtfeld war leer. Die beiden alten Männer tappten im Dunkeln und versuchten auf Geräusche zu achten. Aber nur das leise Singen des Windes drang an ihr Ohr und das Rauschen der Wellen am Strande. Auf einmal stießen sie auf einen einsamen Mann; der war sehr freundlich zu ihnen und bot sich an, sie zum Lager des Achill zu führen. Sie kamen durch die langen Reihen der griechischen Zelte. Alle Soldaten schliefen fest und auf einmal tat sich das Hoftor des Achilles auf. Im gleichen Augenblick war der fremde Begleiter verschwunden. War es ein Gott gewesen?

Im Zelt des Achilles brannte noch Licht. Des Priamos Herz erbebte. Er ließ seinen alten Begleiter warten und trat allein in das Zelt. Achilles bemerkte ihn nicht gleich; der junge Held saß, ihm den Rücken zuwendend, vor einem Tisch, von dem er wohl gerade gegessen hatte.

Priamos fiel ihm zu Füßen und umklammerte seine Knie: »Du kennst mich nicht, Achilles, aber du ahnst vielleicht, wer ich bin. Ich bin Priamos, König von Troja, einst der Vater von fünfzig Söhnen. Nur wenige sind noch am Leben. Die andern hast du mir genommen, zuletzt meinen Lieblingssohn Hektor. Doch darüber will ich nicht klagen, das haben die Götter bestimmt. Ich komme nur seinen Leichnam einzulösen.« Priamos stand auf und winkte am Zelteingang seinem Begleiter, der mit den Schätzen eintrat.

»Hier sind Schätze als Lösegeld. Mehr kann ich nicht geben. Erbarm dich meiner, Achilles, und denke an deinen Vater. Auch er wird auf deine Heimkehr warten und er weiß nicht, ob er dich wieder sieht.«

Da rührten des Priamos Worte des Achilles Herz und der Held begann zu weinen. Er machte eine abwehrende Handbewegung zu den Schätzen hin und sagte: »Nimm diese Schätze wieder mit, ehrwürdiger Priamos. Ich fühle deinen Schmerz. Du kannst den Leichnam Hektors mitnehmen.« Achilles schwieg. Erst nach einer Weile, während der man nur die Brandung von draußen gehört hatte, setzte er leiser hinzu: »Es ziemt sich nicht mit unserem Schicksal zu hadern. Das Leben ist ein

Spiel der Götter. Wir spielen mit, soweit sie es wünschen.«

Und Priamos sagte: »Ich hadere nicht mit dem Schicksal.«

Achilles ging aus dem Zelt und hieß seine Knechte, des Hektors Leichnam zu waschen und zu salben, zu bekleiden und auf den Wagen des Priamos zu legen. Als dies geschehen war, kehrte Achilles ins Haus zurück und sagte zu Priamos: »Es ist so weit. Lass uns nun zusammen essen und trinken, damit jeder weiß, dass kein Streit mehr zwischen uns ist.« So geschah es.

Nach dem Mahle aber sprach Achilles: »Nun fahre nach Hause, Priamos, ehe der neue Tag heranbricht. Denn dann könnten dich andere erblicken und es könnte sein, dass sie dich nicht heimfahren lassen wollen. Darum geh.«

Priamos verabschiedete sich von Achilles. Zum Schluss bat er um einen Waffenstillstand von elf Tagen, damit die Trojaner den Hektor würdig bestatten können. Dem stimmte Achilles zu.

*

Als die Waffenruhe abgelaufen war, begann der Kampf aufs Neue. Den Trojanern eilte die Königin der Amazonen, Penthesileia, zu Hilfe, aber gegen den rasenden Achill vermochte auch sie nichts auszurichten. Und dennoch sollte auch des Achills Stunde bald schlagen: Ein Pfeil traf ihn von hinten in die Ferse; genau an jener Stelle, wo er verletzlich war. Achill riss den Pfeil aus der Wunde – da begann das Blut zu strömen, ohne dass ein

Wundarzt es aufhalten konnte. Und alle wussten: diesen Pfeil hatte kein Sterblicher geschossen. Apollo selbst war es, der den Achilles traf.

Von den Zinnen Trojas bemerkte Paris, der dort im Hinterhalt lauerte, dass er von sicherer Entfernung gezielte Pfeilschüsse anbringen könne, als Achilles umsank und starb. Er brach in lauten Jubel aus und wollte den andern Trojanern weismachen, es sei sein Geschoss gewesen, das den größten der griechischen Helden so tödlich verletzte. Aber die Trojaner glaubten ihm nicht.

So wie vorher Patroklos und mancher andere Held wurde nun auch Achilles feierlich beigesetzt. Doch gleich nach den Totenspielen kam es im griechischen Lager zu einem hässlichen Streit: Als nämlich die Frage aufgeworfen wurde, wer des Achills unvergleichliche Rüstung erben sollte, erhob sich der Riese Aias und sagte: »Die Rüstung gebührt mir. Denn nach des Achilles Tod bin ich der Stärkste von euch und überdies habe ich seine Leiche aus den Händen der Trojaner befreit.« Das stimmte und ein beifälliges Gemurmel erhob sich ringsum.

Doch da stand zu aller Überraschung Odysseus auf und beanspruchte die Rüstung für sich. »Denn«, so sagte er, »nicht auf die Tapferkeit des Arms allein kommt es an, sondern auch auf die des Herzens. Und das ist mir kein rechter Held, der blind wütend um sich schlägt ohne darüber nachzudenken, wen er trifft.«

Als Nächster sprach Agamemnon: Eingedenk der vielen Ärgernisse, die das Heer schon seinetwegen hatte erdulden müssen, hielt er sich selbst zurück und beanspruchte die Rüstung des Achilles nicht. Vielmehr schlug er vor, es möge ein Schiedsgericht gebildet werden, dem neben den griechischen Helden auch gefangene Trojaner angehören sollten; denn die wüssten doch am besten, wer von den Griechen ihnen am meisten geschadet hätte.

So geschah es und das Schiedsgericht erkannte einstimmig Odysseus die Rüstung zu.

Als Aias von dieser Entscheidung hörte, wurde er wahnsinnig vor Zorn. Eine Weile saß er, laut vor sich hin murmelnd, vor seinem Zelt. Als es Nacht wurde, ergriff er seine Waffen und stürzte auf das freie Feld zwischen dem Lager und den Stadtmauern. Er wähnte sich im Kampf mit seinen Feinden, schwang sein Schwert um zu töten und zu morden, was in seine Nähe kam. Dabei stürmte er in eine Schafherde, die vor dem griechischen Lager weidete. Mit lautem Brüllen begann er ein Schaf nach dem andern zu töten, immer noch glaubend, dass es sich um Soldaten handle. Einen prächtigen Widder hielt er für den Odysseus. Ihn schleppte er ins Lager, wo er ihn unter irren Hohnworten zu Tode peitschte. Erst als das Tier verendete, sah Aias, dass es nicht Odysseus war, den er getötet hatte. Sein Zorn verstummte, er wurde bleich und weinte. Es überkam ihn eine solche Scham, dass er sich nicht mehr getraute unter seine Freunde zu treten. So stürzte er sich in sein eigenes Schwert. Die Griechen trauerten sehr um ihn. Nur Agamemnon wollte den Toten nicht unter Ehren begraben. Er habe sich unwürdig benommen, erklärte er. Aber Odysseus setzte durch, dass auch der rasende Aias so feierlich begraben wurde wie vor ihm Patroklos und Achilles.

*

Als man den Aias begraben hatte, ergriff tiefe Niedergeschlagenheit die griechischen Fürsten und Soldaten. Ihre Besten waren tot – der Krieg währte nun zehn Jahre und die Hoffnung, Troja je zu erstürmen, war geringer denn je. So saßen sie beieinander, verzweifelnd und voller Kummer. Und ein jeder malte sich schon aus, wie man daheim ankommen würde: müde und ohne Ruhm.

Da sprach Odysseus: »Was sollen wir tun? Die Besten sind tot und Trojas Mauern stehen so fest wie am ersten Tag. Niemals werden wir diese Stadt im Sturme nehmen können.«

Agamemnon erwiderte verbittert: »Du sagst, was wir alle denken, Odysseus. Aber was wollen wir denn machen? Sollen denn Patroklos und Achilles umsonst gestorben sein? Sollen wir zehn Jahre lang gekämpft und geblutet haben für nichts?« Und Agamemnon fügte leise hinzu: »Aber so wird es wohl kommen. Ich jedenfalls sehe keinen anderen Weg.«

»Aber ich«, sagte Odysseus und schwieg.

Die Griechen horchten auf und einer fragte: »Welchen Weg siehst du, Odysseus?«

Und Odysseus fragte zurück: »Müssen wir denn Trojas Mauern stürmen? Können wir nicht in die Stadt hineingelangen, ohne sie zu erobern?«

Doch keiner von den Griechen verstand, was Odysseus meinte.

Da entwickelte er seinen Plan. »Wir werden«, so sagte Odysseus, »die Schiffe zu Wasser lassen und abziehen. Das sehen alle Troer. Aber wir werden etwas zurücklassen, ein riesengroßes hölzernes Pferd, das unsere Schiffszimmerleute uns vorher bauen mögen. Im Bauche dieses Pferdes sollen sich zwölf tapfere Helden verstecken. Und dann«, so fuhr Odysseus fort, »brauchen wir noch einen dreizehnten. Er muss tapfer und listenreich zugleich sein. Wenn die Troer gesehen haben, dass unsere Schiffe verschwunden sind, so werden sie auf das freie Feld laufen. Dort finden sie das hölzerne Pferd und – jenen dreizehnten Mann, der nackt im Schilf versteckt ist.«

»Was soll dieser ganze Unsinn, Odysseus?«, fragte Menelaus, der wohl tapfer, aber eben auch ein wenig beschränkt war.

»Lass mich doch ausreden«, sagte Odysseus und fuhr fort: »Die Troer also finden beides: das Pferd und den nackten Mann. Der nackte Mann fällt vor ihnen auf die Knie und bittet um Gnade. Er sei zwar ein Grieche, so gibt er zu, doch nunmehr froh, in den Händen der Trojaner zu sein, denn: der listen- und schurkenreiche Odysseus sei sein Feind gewesen, und ehe die Griechen nach Hause abzogen – denn dieses wäre in der Tat geschehen – hätten sie ihn auf Geheiß des Odysseus zum Opfer für die Götter bestimmt. Er aber habe sich im letzten Augenblick im Schilf verstecken können.«

Jetzt unterbrach keiner mehr den Odysseus, denn auch Menelaus hatte gemerkt, worauf das hinaus sollte. Und also fuhr Odysseus fort: »Nun werden die Troer unseren Mann fragen, was es mit dem Pferd für eine Bewandtnis habe. Dann wird er sagen, dies riesige hölzerne Pferd sei eine Gabe der Griechen für ihre Schutzgöttin Pallas. Und sie hätten es deshalb so groß gebaut, dass nicht etwa die Troer das Pferd in ihre Stadtmauern hineinzögen und in ihrem Heiligtum aufstellten. Denn dann werde sich der Segen der Pallas von Griechenland abwenden und den Trojanern zukommen.«

Obwohl dieser Plan sehr listenreich war, wollten die meisten Griechen nichts von ihm wissen. Teils glaubten sie nicht, dass er gelingen würde, teils auch hielten sie es für unwürdig so zu verfahren. Doch als der Seher Kalchas seine Stimme erhob und seine Landsleute beschwor, auf den Odysseus zu hören, war die Entscheidung gefallen. Den Handwerkern wurde befohlen, das riesige Ross zu bauen, und zwölf Helden wurden bestimmt, die sich in seinem Bauche verkriechen sollten. Ihre Anführer waren Odysseus und Menelaus. Nun galt es noch einen Mann zu finden, der bereit war, sich nackt im Schilfe von den Trojanern fangen zu lassen. Es meldete sich Sinon, ein unbekannter griechischer Soldat, von dem Rühmenswertes bisher noch nicht gehört worden war. Er war bereit die gefährliche Aufgabe zu übernehmen, damit er sich noch am Schluss des Krieges jenen Ruhm erwirkte, der ihm während zehn langer Kriegsjahre nicht zuteil geworden war. Es wurde ausgemacht, dass er mit einer weithin lodernden Fackel ein Zeichen zu den Schiffen geben sollte, die hinter der Kimm lauerten, wenn der Plan gelungen sei. Als dies verabredet war, rissen die Griechen ihre Zelte ab, verbrannten alles, was sie nicht mehr gebrauchen konnten, und stachen an einem Morgen, zehn Jahre, nachdem sie das trojanische Ufer betreten hatten, wieder in See.

*

Als die Trojaner am Morgen erwachten und sahen, dass der griechische Lagerplatz leer, die griechische Flotte in See gestochen war, brach unendlicher Jubel unter ihnen aus. Sie stürzten durch die weit geöffneten Stadttore auf das freie Feld, tanzten vor Freude auf dem Schlachtfeld, küssten und umarmten einander. Dann erst entdeckten sie das riesige Pferd.

Einige Zeit standen sie ratlos um den Koloss herum. Darauf machten einige den Vorschlag, es einfach zu verbrennen, da man ja doch nichts damit anfangen könne. Andere wieder wollten es bis vor die Stadtmauern ziehen, als Zeichen des Sieges. Dritte meinten, es sei am besten das Ungetüm im Meer zu versenken. Während dieser Reden fanden einige Trojaner den nackten Sinon und brachten ihn vor den greisen König Priamos, der sich gerade kopfschüttelnd vor dem hölzernen Pferd eingefunden hatte. Sinon warf sich vor Priamos auf die Erde, umfasste dessen Knie und bat um sein Leben. Zwar sei er Grieche, aber nichtsdestoweniger ein Opfer des grimmig hinterhältigen Odysseus, der ihn zum Opfertod für die Götter bestimmt hätte, weil er ihn für seinen persönlichen Feind hielt. Erst im letzten Augenblick sei er seinen Landsleuten entronnen und habe sich im Schilf versteckt.

Priamos, voller Milde und Güte ob des trojanischen Sieges und des Endes der langen, blutigen Schlachten, hob ihn freundlich auf und hieß ihn in der Gemeinschaft der Trojaner willkommen. Und dann fragte er ihn: »Aber, sage mir doch, lieber Freund, was dies hier für ein Ungetüm ist?« Und er wies auf das hölzerne Ross.

»Dies ist ein hölzernes Pferd«, entgegnete ihm Sinon.

»Gewiss, das sehe ich, und ein recht großes dazu. Was aber hat es mit ihm auf sich?«

Da erzählte Sinon, was ihm Odysseus aufgetragen hatte, und Priamos und die Trojaner glaubten ihm. Und weil sie ihm glaubten, riefen einige Troer: »So lasst uns das Riesenross spornstreichs in die Stadt schleppen, damit Pallas sich abwendet von den Griechen und sie auf der Heimfahrt alle einen kläglichen Tod finden.«

Das hörte Laokoon, ein Priester, der mit seinen Söhnen soeben dazukam um den Göttern auf dem Schlachtfeld ein Dankesopfer zu bringen. Und er sprach: »Tut das nicht! Denn an diesem Pferd ist etwas unheimlich.«

Und es kam Kassandra. Auch sie warnte vor dem hölzernen Pferd. Aber da krochen zwei riesige Meerschlangen vom Strand auf den Laokoon zu, und während alle Trojaner flohen, blieb der Priester mit seinen Söhnen auf dem Felde um den Altar zu errichten. Und also umschlangen die beiden fürchterlichen Tiere den Laokoon und seine beiden Söhne, spritzten ihnen ihr Gift in Brust und Arme, so dass sie unter Zuckungen zur Erde fielen und starben. Dann erst krochen die Schlangen ins Meer zurück.

Da riefen die Trojaner: »Seht ihr nun, dass wir das hölzerne Pferd in die Stadt schleppen müssen? Laokoon hat sterben müssen, weil er dagegen war.« Kassandra aber wich scheu zur Seite und keiner hörte mehr auf sie.

*

So zogen denn die Troer das riesige Ross vor ihre Stadt. Da war das Stadttor zu klein um das Untier hineinzuzie-

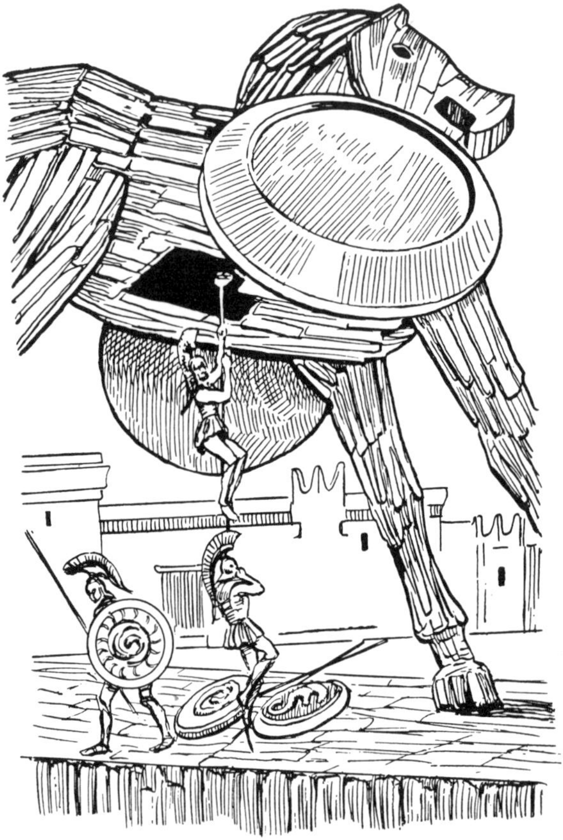

hen. So mussten sie eine Bresche in die Mauer schlagen und durch diese Bresche gelangte der hölzerne Koloss in die Stadt.

Am Abend saßen die Trojaner beim Siegesschmaus. Hinterher begannen sie zu trinken, weit nach Mitternacht sanken sie berauscht in ihre Betten. Kein Mensch wachte außer Kassandra. Aber auf Kassandra hörte man nicht.

Als alle schliefen, schlich der junge Sinon sich aus der Stadt an den Strand. Dort entzündete er eine riesige Fackel und schwang sie um seinen Kopf. Draußen am Horizont sahen die Ausguckposten in den Mastkörben der griechischen Flotte den hellen Schein und sie meldeten: »Sinon schwingt die Fackel.« Agamemnon befahl, mit aller Kraft an den trojanischen Strand zu rudern.

Inzwischen rannte Sinon zurück in die Stadt und klopfte mit dem Finger ein verabredetes Zeichen an den Bauch des Pferdes. Da öffnete sich eine Luke und die zwölf Helden, voran Odysseus und Menelaus, sprangen zur Erde. Sie teilten sich, und die Hälfte eilte zum Tor die Griechen in Empfang zu nehmen. Die andere Hälfte aber lief in die ersten trojanischen Häuser und begann mit dem Morden und Schlachten. Männer, Frauen und Kinder wurden in ihren Betten getötet. Die meisten von ihnen merkten nicht einmal mit wem sie es zu tun hatten, denn trunken waren sie noch immer.

So brachen Tod, Mord und Brand über Troja herein. Auch die zurückgekehrten Griechen stürzten jetzt durch das Stadttor und die Mauerbresche und warfen Brandfackeln in alle Häuser. Das Metzeln und Morden war ungeheuerlich. Die Griechen schonten niemanden – selbst der greise Priamos fiel unter den Schwerthieben der Eindringlinge. Menelaus suchte, halb wahnsinnig vor Triumph, noch immer seinen Gegner, den Paris. Aber er fand ihn nicht. Doch diesmal hatte sich Paris nicht verkrochen. Er war vielmehr unerkannt gefallen.

Als das Morden fast zu Ende war, fand Menelaus dagegen Helena. Er zückte sein Schwert um ihre Brust zu durchstoßen. Doch da sah er sie an und sie erschien ihm schöner denn je. Die Hand mit dem Schwert sank ihm kraftlos zur Seite. Wütend riss er sich zusammen, fest gewillt, den tödlichen Streich dennoch zu tun. Da erschien Agamemnon und fiel ihm in den Arm.

»Tu das nicht, Bruder!«, rief er. »Um deine Frau zurückzuführen, haben wir zehn Jahre vor Troja gekämpft. Morden wollten wir sie nicht. Die Frauen, Menelaus, sind schwach. Schwach von den Göttern geschaffen, und wir dürfen sie nicht wegen ihrer Schwachheit bestrafen. Und um noch eins, Menelaus, bitt ich dich: Sorge, dass die Schlachterei ein Ende nimmt! Priamos ist tot und alle seine Söhne. Wir sollten auch aufhören zu töten. Ich glaube, es ist am besten für uns, wir stechen so bald wie möglich in See.« So geschah es.

Am Heck von Agamemnons Schiff stand, an den Händen gefesselt, Kassandra, die Seherin, die als Sklavin den Griechenfürsten folgen musste. Sie sah zurück auf die Küste. Aber da, wo einst die Zinnen und Türme des stolzen Troja sich erhoben hatten, lagen nun Schutt und Trümmer, aus denen der Rauch des schwelenden Feuers langsam in den blauen Himmel stieg.

V
Die Heimkehr des Agamemnon

Bevor Agamemnon nach Troja gefahren war, hatte er befohlen, auf allen Ägäischen Inseln, die auf der Route nach Troja lagen, Feuerwächter aufzustellen. Wenn Troja gefallen wäre, sollte das Leuchtzeichen vom Festland aus von Insel zu Insel weitergegeben werden und so den Griechen daheim die Kunde vom Siege geben, noch ehe das Heer wieder eintraf. So geschah es denn auch und Frauen und Kinder in Griechenland erfuhren, dass ihre Männer gesiegt und die Heimfahrt angetreten hatten. Und alle freuten sich ihre Helden wieder in Empfang nehmen zu können. Nur eine freute sich nicht: Klytämnestra, die Frau des Agamemnon.

Denn Klytämnestra hatte ihrem Gatten niemals verziehen, dass er Iphigenie zu opfern bereit gewesen war und dass Iphigenie seit diesem Tage verschwunden blieb.

Nun war in Griechenland zurückgeblieben Ägisth, der Vetter des Agamemnon und Sohn des Thyest. Als des Agamemnons Vater, Atreus, vor Jahrzehnten zwei Söhne des Thyest geschlachtet hatte, war Ägisth als einziges Kind übrig geblieben. Später schien aller Streit vergessen. Und auch Ägisth und Agamemnon grollten sich nicht.

Aber das schien nur so. In Wirklichkeit sann des Ägisth Herz auf Rache. Ganz weit in der letzten Provinz des Landes Argos besaß er ein kleines Stückchen Land. Als er hörte, dass Klytämnestra ihrem Gatten grollte und dass Agamemnon nach Troja aufgebrochen sei, sah er seine Stunde gekommen. Er reiste an den Königshof und bot der Schwägerin seinen Beistand an. Die verlassene Klytämnestra war froh einen Mann um sich zu wissen, der sie vor Gefahren schützte.

Ägisth ging klug zu Werke. Jahrelang sprach er kein offenes Wort gegen Agamemnon, aber durch allerlei hämische Bemerkungen und scheinbare Trauer um Iphigenie verstand er es, den Zorn der Königin gegen ihren fernen Gatten weiter zu schüren. Als einige Jahre vergangen waren, hatte er erreicht, was er wollte: Klytämnestra wandte sich von Agamemnon ab und ehelichte den Ägisth. Beide glaubten, Agamemnon würde nie aus Troja zurückkehren. Als Jahr um Jahr verging, ohne dass eine Nachricht vom fernen Troja kam, schien es, als ob beide Recht behalten sollten.

Dann leuchteten die Flammenzeichen auf. Agamemnon und damit die Gefahr nahten. Klytämnestra und Ägisth bereiteten sich sorgfältig auf die Landung des Königs vor. Heimlich verteilten sie ihre Anhänger in der ganzen Stadt. Dann wurde eine Willkommenstafel bereitet, voll erlesener Speisen und Weine, der Palast geschmückt, die Häuser der Stadt bekränzt. Als die Flotte landete, gingen Ägisth und Klytämnestra dem König bis ans Ufer entgegen und hießen ihn willkommen. Ägisth erklärte in freier und scheinbar offener Rede, dass er während der langen Abwesenheit des Vetters dessen Geschäfte geführt habe, soweit sie von Frauenhand nicht zu erledigen gewesen wären. So sei denn alles im Lande voll Ruhe und im Wohlstand und Agamemnon werde ein glückliches Königreich wieder finden.

Voll Freude dankte Agamemnon dem Ägisth und küsste Klytämnestra. Hand in Hand mit den beiden eilte er in den Palast und an die festliche Tafel.

Und doch gab es zwei Menschen außer dem Ägisth und der Klytämnestra, die wussten, was hier gespielt wurde. Die eine war eine Troerin, war Kassandra, die als Sklavin gleich nach dem Agamemnon das Land betrat. Kaum jedoch fühlte sie den griechischen Boden unter ihren Füßen, kaum sah sie in Klytämnestras Augen, da wusste sie, was dem Agamemnon drohte. Und als Klytämnestra sie scheinheilig freundlich begrüßte, entgegnete sie nur kurz: »Hüte dich vor den Göttern, Klytämnestra!«, und wandte sich brüsk ab. Da beschloss Klytämnestra auch Kassandra zu töten.

Die andere, die Bescheid wusste, war Elektra, der Iphigenie jüngere Schwester. Als Agamemnon auszog, war Elektra noch ein Kind gewesen. In den langen zehn Jahren hatte sie vergessen, wie ihr Vater aussah. Dennoch hätte sie ihn gewarnt, wenn nicht Klytämnestra das Mädchen vor des Vaters Augen verborgen hätte.

So warnte denn niemand den Agamemnon und er betrat fröhlich seinen Palast. Bevor er sich aber an die Tafel niedersetzte, wünschte er ein Bad, um sich nach der langen Reise zu reinigen. Und Klytämnestra antwortete: »Das Bad ist schon bereitet, Agamemnon.«

Zusammen mit Klytämnestra schritt er ins Badehaus, wo in eine silberne Wanne schon warmes Wasser eingefüllt war. Er wusch sich, spülte sich ab und rief nach einem Handtuch. Da trat die Königin an die Wanne mit einem Netz über dem Arm, das sie ihm über den Kopf warf.

»Was ist das für ein Netz?«, fragte Agamemnon.

»Es ist ein Geschenk für dich«, antwortete Klytämnestra.

Auf das Wort Geschenk stürzte Ägisth hinter einer Tür hervor. Mit einem Satz stand er neben der Königin und übergab ihr ein Beil. Damit erschlug Klytämnestra den unter dem Netz wehrlosen Agamemnon.

Mit der blutigen Waffe eilte sie in den Burghof Kassandra zu suchen. Sie fand sie auf der Burgmauer, den Blick aufs Meer gerichtet, dahin, wo weit hinter der Kimm einst Troja gelegen hatte. Kassandra hörte die Schritte hinter sich, aber sie drehte sich nicht um. Sie bedeckte ihr Gesicht mit den Händen, neigte ihr Haupt und erwartete ohne ein Wort den Todesstreich …

Noch am selben Abend ließen Ägisth und Klytämnestra die Bewohner von Argos zusammenrufen. Als die ihren toten König erblickten, weinten und wehklagten sie.

Klytämnestra aber gebot ihnen mit einer herrischen Geste Schweigen. Als Ruhe eingekehrt war, rief sie: »Ich will nichts beschönigen. Ich habe ihn getötet und es tut mir nicht Leid, dass ich ihn getötet habe. Denn er hat mir Iphigenie genommen und den Tod deshalb verdient. Und was Kassandra betrifft, dieses troische Frauenzimmer, so ist es ja wohl Sitte, dass die Lieblingssklavin ihrem Herrn in den Tod folgt. Darüber braucht ihr euch also gar nicht weiter aufzuregen. Und lasst euch gesagt sein: König ist jetzt Ägisth. Ägisth, der mir beigestanden hat über zehn schwere Jahre. Wer sich ihm widersetzt, dem wird es schlecht ergehen.«

Nun begann für Argos eine schlimme Zeit. Die Freunde des Agamemnon und seine Kriegskameraden wurden getötet, mussten auswandern oder lebten in ärmlichen Verhältnissen. Elektra wurde verstoßen und musste in der Mägdekammer des Palastes unter den Mägden hausen.

Aber Klytämnestra und Ägisth wurden ihres Lebens nicht mehr froh. In der Nacht erschienen ihnen die Geister der Rache und bedrohten sie. Angstträume quälten sie, so dass sie in Schweiß gebadet von ihren Lagern aufstanden und ziellos im Palast umherwanderten. Alles war ruhig, und doch: Konnte nicht hinter der Ecke ein alter Freund des Agamemnon lauern, den Mord zu sühnen?

Aber auch bei Tag war es nicht viel besser: Argos wurde ein stilles, einsames, trauriges Land. Bedrückt schlichen die Bewohner umher. Noch nicht einmal die Kinder lachten mehr. Nur manchmal sah man Ägisth oder Klytämnestra außerhalb des Palastes. Sie sahen mit wächsernen Gesichtern scheu um sich, als wären sie bereit, jeden Augenblick von unbekannter Hand den Todesstreich zu empfangen. Nur manchmal sah man eine besonders bleiche, schöne junge Magd zwischen den anderen Mägden auf die Felder gehen: Das war Elektra, die ein- oder zweimal des Nachts von ihrem harten Lager aufgestanden war, um ein paar Blumen auf das Grab ihres toten Vaters zu streuen.

Klytämnestra hatte einen Sohn namens Orest: Diesen Orest hatte sie schon als Kind zu einem fremden König geschickt, damit er dort erzogen würde. Wie die Dinge jetzt standen, fürchtete sie seine Rückkehr und hoffte, er werde niemals kommen. Denn es konnte ja möglich sein, dass er sich gegen seine Mutter wenden und den Tod des Vaters rächen würde.

Auch Elektra erinnerte sich an Orest, obwohl sie nicht mehr recht wusste, wie der Bruder ausgesehen hatte. Im Gegensatz zur Mutter aber hoffte sie auf seine Heimkehr. Denn er allein konnte den Tod des Vaters wieder gutmachen und die Herrschaft des schuftigen Ägisth beenden.

Mit den Jahren wurde die Angst der Königin nicht geringer, sondern immer größer. Als sie es eines Nachts nicht mehr aushalten konnte, stieg sie zu Elektra in die Gesindekammer und befahl der erstaunten Tochter, am Grabe des Agamemnon ein Opfer zu bringen. Klytämnestra selbst getraute sich nicht den Friedhof zu betreten; durch das Opfer des unschuldigen Mädchens aber hoffte sie den Zorn der Götter zu beschwichtigen.

So machte sich Elektra auf. Als sie am Grab ihres Vaters angekommen war, erschrak sie: Denn auf dem Grabstein fand das Mädchen eine Haarlocke, wie man sie sich damals zu Ehren der Toten abschnitt, um sie auf das Grab zu legen. Von wem konnte diese Locke sein? Elektra nahm das Haar auf und verglich es mit ihrem eigenen. Es hatte dieselbe Farbe. Während sie noch zweifelnd dastand, traten plötzlich hinter einem Strauch zwei junge Männer auf sie zu.

Barsch fragte der eine: »Wer bist du und was tust du hier?«

Zu Tode erschrocken erwiderte Elektra: »Ich bin Elektra und ich will …«

Da unterbrach sie der Frager, breitete seine Arme aus und sagte: »Und ich bin Orest, dein Bruder. Ich bin gekommen unseren Vater zu rächen.«

Da sank Elektra dem Bruder wortlos in die Arme.

Sie setzten sich am Rand des Grabes nieder und Orest stellte der Schwester seinen Freund Pylades vor, den er mit nach Argos gebracht habe, damit er ihm helfe. Alle drei berieten nun, was zunächst zu geschehen habe.

Man beschloss, dass Elektra, ohne ein Wort zu sagen, zu den Mägden zurückkehren und ihre Freude sorgfältig verheimlichen solle. Am nächsten Tag wollten dann Orest und Pylades wie zwei harmlose Wanderer im Palaste vorsprechen unter dem Vorwand, sie hätten dem Ägisth etwas zu melden.

Und tatsächlich geschah es so. Als man Klytämnestra berichtete, es seien zwei junge Wanderer draußen, die dem Ägisth etwas ausrichten sollten, lief sie, voll Spannung und Unruhe getrieben, selber an die Tür, um zu hören, wer es denn sei. Draußen begrüßte sie die beiden Fremden und bat sie hinein. Doch schon im Vorraum fragte die Königin, weil sie ihre Ungeduld nicht mehr länger bezähmen konnte, was für eine Botschaft sie brächten.

Da trat Orest vor und sagte: »Frau Königin, es ist keine freudige Botschaft, die wir euch bringen. Es ist uns aufgetragen worden, euch und eurem Gatten zu bestellen, dass euer Sohn Orest gestorben ist. Wenn ihr seine Asche in Argos beisetzen wollt, so lasst es mich wissen.«

Klytämnestra schlug die Hände vor die Augen und tat, als ob sie weinte. In Wirklichkeit aber musste sie so tun, damit die beiden Männer nicht sahen, wie freudig überrascht sie über die Botschaft war. Mit leiser Stimme bat sie die Boten, dem Ägisth doch selbst die Hiobsbotschaft zu überbringen. Also wurden beide vor den König geführt. Noch ehe aber dieser die beiden Männer begrüßen konnte, zückte Orest sein Schwert und durchbohrte ihn mit einem einzigen Stoß, so dass Ägisth tot zu Boden fiel. Hinter dem König stand sein Leibdiener. Als dieser um Hilfe schrie, eilte Klytämnestra herbei. Sie sah den König in seinem Blute, sie sah Orest mit dem blanken Schwert – und erkannte ihn. Sie fiel vor dem Sohn auf die Knie und versuchte ihn nicht nur um ihrer selbst willen von einem zweiten Mord abzuhalten – wusste sie doch, dass Muttermord das schlimmste Verbrechen ist, das die Götter kennen. Sie beschwor den Sohn seinen Zorn zu zügeln, sie wenigstens anzuhören, dass er begreife, wie sehr Agamemnon gegen sie gefehlt habe. Vielleicht, dass er dann die Tat der Mutter milder beurteile – vergeblich. Noch bevor sie ihm alles erklären konnte, sank auch sie unter seinem Schwerthieb tot zu Boden.

*

In Argos atmeten die Leute auf, als sie hörten, was geschehen war. Jetzt, glaubten sie, würde sich alles wieder zum Guten wenden und Friede und Freude wieder einziehen in das geplagte Land.

Doch sie hatten sich getäuscht. Denn Orest hatte ja nicht nur den Mord an seinem Vater gerächt, er hatte auch die Mutter erschlagen, und so erschienen die Erinnyen, zwölf schreckliche Frauen, die in der Tiefe der Erde wohnen. Sie stiegen aus der Unterwelt auf, weil sie Rache forderten, denn das war ihr Geschäft. Sie umkreisten den Frevler so lange, bis er seine Tat durch Selbstmord sühnte oder vor Angst und Furcht und schlechtem Gewissen starb. Das versuchten sie auch bei Orest. Orest

aber, geleitet von seinem treuen Freund Pylades, verließ die Stadt, um das Heiligtum des Apollo in Delphi aufzusuchen. Denn Apollo, der Gott des Lichtes, war der Feind der dunklen Erinnyen aus der Unterwelt. Es gelang

Orest, mehr tot als lebendig, den heiligen Bezirk des Tempels zu erreichen, wo die Erinnyen von ihm ablassen mussten. Zum ersten Mal seit langen Monaten hatte Orest Ruhe. Aber er wusste: vor dem Tempel lauerten die Erinnyen um sich wieder auf ihn zu stürzen, sobald er den heiligen Boden verließ. Und Apollo konnte ihn nicht für alle Zeiten schützen.

Apollo selber empfand Mitleid mit Orest. Er hätte ihm gerne geholfen, doch wusste er nicht recht, wie. An und für sich war es ihm nicht erlaubt, den Erinnyen ihr Opfer zu entziehen; Genugtuung musste den Frauen der Unterwelt gegeben werden, wenn ein Mord geschehen war. Und hier war sogar ein Muttermord vollbracht worden. Und also schlug Apollo sowohl dem Orest wie auch den Erinnyen vor, sich dem Spruch eines Schiedsgerichtes zu unterwerfen, dessen Vorsitz Pallas, die Göttin der Weisheit, führen und das in Athen tagen sollte. Orest gab sich mit diesem Vorschlag zufrieden, die Erinnyen aber kreischten und zeterten vor Wut. Sie wollten den Kopf des Orest auf der Stelle. Aber Apollo schwor den Orest so lange in seinem Tempel zu schützen, bis die Erinnyen seinem Vorschlag zugestimmt hätten. Da mussten sie zähneknirschend nachgeben.

So zog denn Orest mit Pylades nach Athen. Das Gericht, aus weisen alten Männern gebildet, trat unter dem Vorsitz der Göttin zusammen.

Zuerst wurden die Erinnyen gehört.

»Wir klagen den Orest des Muttermordes an«, schrien sie, »und fordern sein Haupt. Der Muttermord ist das schlimmste Verbrechen auf dieser Erde. Er soll unter Qualen sterben und für ewig verdammt sein.«

Noch bevor Orest antworten und sich verteidigen konnte, trat der Gott Apollo selbst vor den Richtertisch um für ihn auszusagen. Er sprach: »Orest stand zwischen zwei Pflichten. Er musste den Tod des Vaters rächen; wollte er ihn aber rächen, so wurde er zwangsläufig zum Mörder der Mutter. Er ist schuldig geworden, gewiss. Aber er ist schuldig geworden nicht durch Übermut, sondern durch Pflicht. Dies, ihr Weisen, gilt es zu bedenken.«

Athene befahl, dass abgestimmt werde. Wer für den Tod des Orest sei, der solle einen schwarzen Stein in die Urne werfen, wer aber für sein Leben, der möge einen weißen wählen. Die weisen Männer traten an die Urne heran und ließen ihren Stein hineinfallen. Als man nachher die Steine auszählte, waren es genauso viel schwarze wie weiße Steine. Da trat Athene vor und warf einen weißen Stein in die Urne. Und die Erinnyen schrien auf vor Wut und Entsetzen und verschwanden wieder unter der Erde. Orest war gerettet.

*

Aber noch immer ruhte der Fluch der Götter auf dem Hause der Tantalus-Kinder. Um den Fluch endgültig zu tilgen befahl Apollo dem Orest, nach der Halbinsel Krim zu fahren. Dort wohnten die Skythen, ein raues und ungebildetes Volk. Auf der Krim gab es einen Tempel der Artemis, die die Skythen mehr als andere Götter verehrten und der sie Menschenopfer brachten. So war es bei ihnen Sitte, jeden Fremden, der ihre Gestade betrat, durch eine Priesterin sofort der Artemis opfern zu lassen.

Apollo trug nun dem Orest auf, das Bild der Göttin aus dem Land der Skythen in die Heimat zu bringen. Dann – so versprach Apollo – sei der Fluch, der auf dem Hause laste, endgültig gelöst.

Und also machten sich Orest und Pylades auf, in das Land der Skythen zu fahren. Kaum aber betraten sie die skythische Küste, da wurden sie ergriffen und vor die Priesterin der Artemis geführt. Es war ein junges und schönes Mädchen, das die Fremdlinge mitleidig musterte. Sie ließ ihnen die Fesseln abnehmen und fragte, woher sie kämen und ob sie Brüder seien.

»Nein«, antwortete Pylades, »Brüder sind wir nicht, aber Freunde, die zusammen leben und, wenn's nötig ist, auch zusammen sterben können.«

»So bereitet euch auf das Letztere vor«, sagte die junge Priesterin, »denn sterben müsst ihr, noch ehe der nächste Morgen graut«. Und sie erklärte ihnen, dass alle Fremdlinge hier zu Lande der Artemis geopfert würden. Dann fragte sie die beiden Männer nach ihren Namen.

Pylades nannte den seinen, aber Orest antwortete nur: »Was tut mein Name zur Sache? Ich gehöre einem verfluchten Geschlecht an und sterbe gern. Es mag dir genügen zu erfahren, dass ich aus Mykene in Argos komme.«

Da begann das Herz der Priesterin wie wild zu schlagen und sie fragte schnell: »Ist der Krieg mit Troja zu Ende?«

»Ja«, antwortete Orest.

»Sind die Griechen zurückgekommen?«

»Ja«, sagte Orest.

»Ist auch Agamemnon zurückgekommen?«

»Ja«, antwortete zum dritten Male Orest.

Und die Priesterin fragte mit zitternder Stimme: »So lebt er wieder glücklich in der Heimat?«

»Er ist ermordet worden«, entgegnete Orest.

»Von wem?«, fragte das Mädchen.

»Von Klytämnestra und seinem Vetter Ägisth.«

»Und die Mörder leben noch?«

»Nein, sie haben ihre Schuld schon gebüßt«, entgegnete kurz Orest.

Die Priesterin schwieg eine Weile, dann fragte sie ganz leise: »Und wie geht es den Kindern des Hauses?«

Orest antwortete: »Es waren drei. Iphigenie verschwand, Elektra lebt voller Angst zu Hause in Mykene, und Orest rächte den Vater an Mutter und Vetter. Nun irrt er umher um für den Mord zu sühnen.«

Nach dieser Antwort starrte die Priesterin der Artemis lange vor sich hin. Endlich sagte sie: »Hör zu, du unbekannter Mann aus Mykene. Wenn du mir versprichst, eine Nachricht von mir nach Mykene zu bringen, so verspreche ich dir, dich vor dem Tode zu bewahren.«

Doch Orest antwortete: »Mir liegt nichts mehr am Leben. Lass diese Nachricht von meinem Freund überbringen. Du aber töte mich, wenn es Zeit ist und es den Gebräuchen dieses Landes entspricht.«

Die Priesterin wandte sich aufseufzend ab und ging die Vorbereitungen für das Opfer zu treffen. Nach einer Zeit kam sie zurück und winkte dem Pylades ihr zu folgen. Als sie allein waren, sprach sie zu ihm: »Pass gut auf, was ich dir jetzt sage. Du fährst heim nach Mykene und lässt dich dort bei Elektra oder bei Orest melden. Du sagst ihnen: Iphigenie, ihre Schwester, lebt bei den Skythen, von den Göttern hierher geführt, und dient der Artemis. Sie bittet ihre Geschwister, sie wieder zu holen in ihre Heimat, sobald sie können.«

Pylades lächelte und sagte: »Diese Botschaft will ich schnell übermittelt haben.« Er eilte in den Nebenraum, wo Orest noch immer wartete, und sprach: »Diese Priesterin, Orest, ist deine Schwester Iphigenie. Und dieser hier, Iphigenie, ist dein Bruder Orest.«

Da umarmte Iphigenie den Orest und Tränen rannen über ihre Wangen. Als sich die erste Wiedersehensfreude der Geschwister gelegt hatte, so dass sie wieder miteinander reden konnten, sprach Pylades: »Was aber sollen wir jetzt tun? Noch immer droht uns der Tod. Und wenn Iphigenie uns zu retten versuchte, so würde es ihr selber wohl schlecht bekommen.«

Aber Iphigenie wusste Rat. »Du, Orest«, so sagte sie, »bist mit dem Blute der Mutter gezeichnet und vom Fluch der Götter verfolgt. Deshalb erscheinst du der Artemis unrein und sie kann dich zum Opfer nicht annehmen. Ja, mehr noch: das Bildnis der Götter selber ist verunreinigt, weil du in den Tempel getreten bist. Wir müssen deshalb ihr Bild in die Flut des Meeres tragen um es zu reinigen. Dies werde ich dem König dieses Landes melden und ihm auftragen, er solle dafür Sorge tragen, dass niemand uns bei der Reinigung stört. Sind wir aber erst am Strand, so muss die Flucht gelingen.«

Es wurde höchste Zeit, dass sie einen Plan fassten: denn kaum war ihr Gespräch beendet, so erschien der Skythenkönig und wurde gleich sehr zornig, als er sah, dass die beiden Fremdlinge noch lebten. Doch Iphigenie erklärte ihm, dass der eine von ihnen ein Mörder sei und deshalb von der Göttin zum Opfer nicht angenommen werden könne. Ja, es sei sogar nötig, die Statue der Göttin selbst an das Meer zu tragen und sie dort in Gegenwart der Fremdlinge zu reinigen.

Das leuchtete dem Skythenkönig ein und er ließ Iphigenie gewähren. Die beiden Griechen wurden wieder gefesselt, das Bildnis der Artemis von Dienern auf die Schulter gehoben, und dann bewegte sich der Zug schweigend zum Meer. Am Meer befahl Iphigenie den Skythen sich umzuwenden und ihre Blicke nicht eher wieder dem Bildnis zuzuwenden, bis sie es erlaube. Die Skythen taten, wie die Priesterin geheißen.

So standen sie mit abgewandten Gesichtern und hörten hinter ihrem Rücken allerlei Geräusche. Zunächst dachten sie sich nichts dabei, aber dann wurde ihnen die Zeit lang. Der Neugierigste von ihnen wendete vorsichtig seinen Kopf und riskierte einen raschen Blick. Da schrie er vor Überraschung und Empörung laut auf. Und alle drehten sich um und alle sahen, was jener gesehen: dass nämlich ein kleines Boot mit der Priesterin, dem Bildnis und den beiden Fremden das Ufer bereits verlassen hatte und auf ein Schiff zustrebte, das auf dem offenen Meere lag.

Der König der Skythen brüllte vor Zorn. Sofort wurden Boote zu Wasser gelassen und die Skythen versuchten den Nachen mit den Fremden und der Priesterin einzuholen. Und tatsächlich kamen sie dem kleinen Boot immer näher. Die ersten Skythen zückten schon ihre Speere um mit gezieltem Wurf die Fremden zu durchbohren. Da erhob sich plötzlich aus dem Wasser eine große Gestalt, die strahlende Helle um sich verbreitete. Sie rief mit klarer und heller, dennoch aber durchdringender Stimme: »Halt, ihr Skythen.« Erschrocken stoppten sie ihre Boote. Und die Gestalt sprach: »Ich bin Pallas, die Göttin der Weisheit. Es ist nicht der Wille der Götter, dass ihr jene Flüchtlinge verfolgt! Denn die Götter wünschen, dass das Bild der Artemis nach Delphi gebracht wird, wo es fürderhin stehen soll. Orest, der Bruder der Iphigenie, deiner Priesterin, ist von Apollo beauftragt die heilige Statue zu holen. Störe ihn also nicht.«

Da tat der König, wie ihn Pallas geheißen hatte. Denn obwohl er ein Barbar war und feinere Sitten nicht kannte, war er doch ein frommer Mann.

So kehrten die Geschwister und Pylades nach Griechenland zurück. Und in Mykene und ganz Argos zog die Freude wieder ein, denn der Fluch, der wegen des Tantalus Übermut einstmals gesprochen, war nun vom Königshause genommen.

VI
Die Irrfahrten des Odysseus

Zugleich mit der gesamten übrigen griechischen Flotte war auch Odysseus aufgebrochen. Aber bald schon verloren die Griechen sein Schiff aus den Augen – ein Sturm trieb es weit ab, und als der Wind sich wieder legte, waren Odysseus und seine Begleiter allein auf dem Meer. Dennoch segelten sie flott voran und es vergingen nur wenige Tage, da sichteten sie voraus die Küste Griechenlands. Odysseus hielt darauf zu, frohen Herzens, dass bald alles überstanden war.

Da aber packte sie ein gewaltiger Sturm vom Norden, von der Küste her, der neun Tage dauerte. Neun Tage trieben sie über das Meer in ungekannte Breiten. Als der Sturm sich legte, sahen sie zwar wieder Land vor sich, allein es war nicht Griechenland. Eine kleine Insel lag vor ihnen mit vielen Weinbergen, Obstbäumen und ganzen Scharen von Ziegen und Schafen. Odysseus und seine Gefährten gingen an Land um nach den Bewohnern der kleinen Insel zu suchen. Wie sie so umherstreiften, entdeckten sie plötzlich eine große Höhle. In der Höhle lagen Schaf- und Ziegenmist, einige Ackergeräte und Decken. So schlossen die Griechen, dass hier der Hirt für sich und seine Herde eine Lagerstätte aufgeschlagen habe. Und sie beschlossen, in der Höhle zu bleiben und auf den Hirten zu warten.

Als es Abend wurde und die Dämmerung auf die saftigen Wiesen und die Obstbäume fiel, wurde plötzlich vor dem Höhleneingang ein riesiger Schatten sichtbar. Erschrocken flohen Odysseus und die Seinen in die äußerste Ecke der Höhle. Da betrat ein Riese die Höhle, der so groß war wie drei von ihnen, mit zottigen Armen und Beinen, einem wulstigen Mund und einer unförmigen Nase. Das Furchtbarste aber an ihm war sein Auge: er besaß nur eins und es saß mitten auf der Stirn. Dieses Scheusal also betrat die Höhle und trieb Schafe und Ziegen herein. Es melkte die Tiere und schlürfte mit Behagen die heiße Milch. Dann legte es sich behaglich grunzend nieder, nachdem es vorher den Höhlenausgang mit einem großen Stein, den ein Mensch niemals hätte bewegen können, geschlossen hatte.

Odysseus und die Seinen wagten kaum zu atmen. Wie sollten sie je die Höhle wieder verlassen? Und was geschah, wenn das fürchterliche Ungetüm sie entdeckte?

Und tatsächlich: Plötzlich erhob sich der Riese halb, stützte sich auf seine groben Ellenbogen und begann mit seinen Nüstern zu schnuppern.

»Es riecht hier so komisch«, murmelte er vor sich hin. »Ganz anders, als die Schafe und Ziegen riechen.« Und er wandte sein zottiges Haupt ringsum und entdeckte die Griechen.

»Hoho«, rief er, »Menschlein, sieh einer an! Seeräuber wohl. Was?« Da trat Odysseus furchtlos vor, beugte ein Knie vor dem Riesen und sagte: »O mächtiger Riese, wir sind keine Seeräuber, Griechen sind wir und kommen von Trojas Gestade. Nimm uns gnädig auf, beachte das Gastrecht, dass nicht die Götter dir zürnen.«

Da begann der Riese laut und schauerlich zu lachen

und rief: »Du bist gut! ›Die Götter dir zürnen!‹ – Weißt du nicht, dass wir Kyklopen viel mehr sind als die Götter? Wir können tun und lassen, was wir wollen. Aber sag mal, du Winzling, wo habt ihr denn euer Schiff?«

»Das liegt …«, wollte Odysseus beginnen, aber dann besann er sich schnell. »Es ist uns zerschellt«, antwortete er listig dem Kyklopen. »Deswegen ja gerade sind wir auf deine Gastfreundschaft angewiesen.«

»Zerschellt, sagst du, du Winzling? Zerschellt ist gut. Da könnt ihr ja in Ruhe meine Gastfreundschaft genießen.« Und er lachte wieder sein schreckliches, lautes, abstoßendes Lachen. Gleichzeitig griff er zwei von den Griechen, nahm sie in seine Hände und schlug sie mit den Köpfen so lange gegen den Boden, bis ihre Schädel zertrümmert waren und das Blut herausspritzte. Dann legte er sich auf seine Decke nieder und begann die beiden Gefährten des Odysseus unter großem Behagen und wohligem Schmatzen zu verzehren. Nach beendetem Mahl trank er noch einen Schluck Milch – dann streckte er sich vollends nieder und schlief ein.

Mit starrem Entsetzen hatten Odysseus und die Übrigen gesehen, was mit ihren beiden Kameraden geschah. Kaum waren sie sicher, dass der Riese schlief, da zückte Odysseus sein Schwert, trat neben das Ungeheuer und suchte nach einer Stelle zwischen Leber und Zwerchfell, wo er ihn tödlich treffen könnte. Er fand die Stelle und wollte zustechen. Im letzten Augenblick hielt er inne.

»Stich zu«, flüsterten die Gefährten heiser, »töte ihn. Oder willst du, dass er vorher noch wach wird und wieder einige von uns auffrisst?«

Doch Odysseus steckte das Schwert in die Scheide und senkte den Kopf. »Es wird uns nichts anderes übrig bleiben«, sagte er, »oder könnt ihr mir verraten, wie wir die Höhle verlassen sollen, wenn er getötet ist?« Damit deutete Odysseus auf den riesigen Stein vor dem Eingang. Seine Gefährten schwiegen.

Am anderen Morgen wiederholte sich der entsetzliche Vorgang des Abends. Der Kyklop wurde wach, streckte sich wohlig, ergriff zwei Gefährten des Odysseus, schlug sie mit den Köpfen auf den Boden, bis sie tot waren, und verspeiste sie dann. Dann wälzte er den Stein fort, trieb die Herde hinaus und rollte den Stein wieder vor die Höhle. In schrecklicher Angst saßen die Griechen beisammen und erwarteten den Abend. Allein Odysseus ging in der Höhle umher, ohne zu jammern, um alles zu entdecken, was es zu entdecken gab. So fand er auch einen riesigen Prügel aus Ölbaumholz. Den spitzte er mit dem Schwerte an, vernichtete die Späne in der Glut des Höhlenfeuers und versteckte den Pfahl unter dem Mist der Schafe und Ziegen.

Als nun der Riese am Abend zurückkam, bester Laune, weil er sich auf ein köstliches Abendessen freute, geschah alles wieder wie am ersten Tag. Der Kyklop trat vor, griff zwei der unglücklichen Gefährten des Odysseus, tötete und verspeiste sie. Danach wollte er sich auf die Erde legen und Milch trinken.

Nun aber trat Odysseus vor mit einem Schlauch schwarzen Weines, den er aufgehoben hatte, und sagte: »Hör zu, Kyklop. Milch ist doch kein Getränk für Riesen. Milch ist was für Kinder. Versuche dies hier, dann bekommt dir das Menschenfleisch noch besser.«

»Hm«, brummte der grässliche Einäugige und griff nach dem Weinschlauch. Er probierte vorsichtig.

»Ah«, sagte er dann und leckte sich mit seiner großen Zunge die Lippen. »Das tut gut. Das ist ein gutes Gesöff! Sag mal, wie heißt du denn, du Winzling?«

»Ich heiße Niemand«, antwortete Odysseus.

»Hör zu, Niemand, ich heiße Polyphem und bin der Sohn eines Meergottes. Also dein Getränk ist wirklich gut, Niemand. Davon wirst du nicht viel wieder sehen.«

»Ich bin in deiner Hand«, sagte Odysseus achselzuckend und tat so, als ob es ihn schmerzte den gesamten Wein zu verlieren.

Polyphem antwortete: »Das bist du allerdings, Winzling, aber ich werde dich dennoch belohnen. Ich werde dich nämlich zum Dank als Letzten fressen ...«

Das hielt er für einen großartigen Witz, denn er konnte sich gar nicht beruhigen vor Lachen, und immer, wenn er sich beruhigt hatte und einen gewaltigen Schluck Wein trank, musste er hinterher wieder lachen ...

Odysseus und die Seinen beobachteten ihn genau. Und sie sahen bald, dass der Wein seine gewünschte Wirkung tat. Berauscht sank der Riese nieder und schnarchte, dass die Wände der Höhle zitterten. Da ließ Odysseus den angespitzten Prügel aus dem Tiermist heraussuchen und hielt seine Spitze ins Feuer, bis sie glühend war. Zu sechsen schulterten sie dann den Prügel, und auf das Kommando des Odysseus rannten sie gegen den Riesen an und rammten ihm die Spitze in sein einziges Auge.

Polyphem fuhr auf, vor rasenden Schmerzen brüllend. Geblendet tappte und stampfte er in der Höhle umher die Griechen zu fangen. Aber sie flutschten unter seinen

Pranken hindurch und er konnte nicht einen von ihnen fassen.

Sein schreckliches Schmerzensgebrüll hatte jedoch die anderen Kyklopen angelockt und sie erschienen vor des Polyphems Höhle.

»Was brüllst du so herum, Polyphem?«, riefen sie mit Donnerstimme. »Wer hat dir denn was getan?«

»Niemand, Niemand«, schrie der geblendete Polyphem.

»Dann halt gefälligst dein Maul«, sagten die andern Kyklopen, »und stör nicht unsere Nachtruhe.« Als Polyphem aber noch weiter brüllte, gingen sie achselzuckend von dannen und sagten zueinander: »Unser Brüderchen Polyphem ist verrückt geworden ...«

Als der Morgen graute, geschah, was Odysseus erwartet hatte. Polyphem wälzte zwar den Stein vom Höhleneingang fort, setzte sich aber selber an den Ausgang und betastete mit den Händen den Boden, damit er jeden erwische, der hinauswolle. Doch als sich die Tiere ins Freie zu drängen begannen, fasste Odysseus einen Plan. Er und seine Gefährten hielten einige Tiere zurück. Dann band Odysseus seine Freunde unter die Schafe, so dass sie unter dem Bauch der Tiere hingen. Darauf trieb er die Schafe hinaus.

Polyphem merkte nichts. Er betastete nur den Rücken der Tiere. Jetzt waren nur noch Odysseus und ein einziger großer Widder in der Höhle. Odysseus krallte sich im Fell des Widders fest und hing sich ebenfalls unter ihn. Anbinden konnte ihn niemand mehr. So passierte er mit dem Widder als Letzter den Ausgang.

Polyphem hatte wohl gemerkt, dass der Widder das

letzte Tier seiner Herde war, das die Höhle verlassen hatte. So stand er auf, wälzte den Stein wieder vor die Höhle, nicht ohne dass er vorher noch einmal mit seiner riesigen Faust in das Innere gedroht hatte, wo er den Odysseus und seine Gefährten ja noch immer vermutete. Dann tappte er auf unsicheren Beinen seinen Tieren nach. Die befreiten Griechen aber rannten spornstreichs zu ihrem Schiff. Am Ufer fielen sie auf die Knie und dankten den Göttern für ihre Rettung. Dann legten sie ab.

Als sie aber schon auf dem Meer waren, erblickten sie den Polyphem inmitten seiner Herde. Da packte den Odysseus der Übermut. Er trat ans Heck des Schiffes und schrie hinüber ans Ufer: »Hallo, Polyphem, hier spricht Niemand. Und wenn dich deine Brüder fragen sollten, wer dich geblendet hat, dann antworte: Odysseus sei es gewesen, der schlauer war als du.«

Als Polyphem das hörte, brüllte er auf vor Zorn. Er riss einen Felsblock aus der Erde und schleuderte ihn ins Meer. Und zum Entsetzen des Odysseus und seiner Gefährten hätte er das Schiff beinahe getroffen; jedenfalls polterte der riesige Brocken so dicht vor ihnen ins Wasser, dass ihr Schiff beinahe gekentert wäre.

Polyphem aber fiel auf die Knie und flehte seinen Vater Poseidon an den Odysseus zu bestrafen. Und Poseidon hörte sein Flehen.

*

So kam es, dass die Irrfahrt des Odysseus noch lange kein Ende nahm. Noch einige Male erblickten sie die lieblichen Ufer Griechenlands. Immer aber warf sie der

Sturm im letzten Augenblick vor der glücklichen Landung zurück und verschlug sie in die Ferne. Jahrelang irrten sie umher. Kummer, Not und Verzweiflung fasste sie – nur Odysseus selber behielt einen klaren Kopf.

Eines Morgens, nachdem sie wieder monatelang im Sturm auf offenem Meer getrieben waren, sahen sie vor sich wiederum die Küste einer schönen Insel. Sie landeten und Odysseus selber ging auf Erkundigung. Er fand bald ein schönes Haus, machte sich jedoch noch nicht bemerkbar, sondern kehrte um. An der Küste teilte er den Seinen mit, was er gesehen habe, und befahl sich in zwei Gruppen zu trennen, die, jede auf einem anderen Wege, an das Haus heranschleichen möge.

Als sich nun die Männer dem Hause näherten, begegneten ihnen Löwen und Wölfe, Hirsche und Luchse. Aber die Tiere taten ihnen nichts und waren auch gar nicht scheu. Im Gegenteil: sie traten heran und ließen sich von den Menschen streicheln. Das verwunderte den Odysseus und seine Gefährten.

Als nun die erste Gruppe das schöne Landhaus erreicht hatte, hörten sie eine wunderbare Musik. Die Musik machte ihnen Mut und so wagten sie das Haus zu betreten. Eine wunderschöne Frau kam ihnen entgegen und bat sie ihre Gäste zu sein. Das hörten die Männer gern und sie machten es sich rasch bequem am gedeckten Tische. Mägde brachten erlesene Speisen und die hungrigen Griechen griffen kräftig zu. Doch während sie noch aßen und tranken, spürten sie plötzlich, wie sich ihr Gesicht veränderte: Es war, als ob Mund und Nase nach vorne wüchsen. Da sah der eine den anderen an und sie erkannten, dass ihnen Schweinerüssel gewachsen waren. Die Arme und Beine schrumpften ihnen und der Bauch wurde dicker. Sie konnten sich nicht mehr halten auf ihren zu kleinen Hinterfüßen und ließen sich auf alle viere nieder. So waren sie Schweine geworden. Und es erschienen Mägde mit Gerten und trieben sie in einen Schweinestall.

Nur ein einziger Grieche hatte nichts gegessen, weil er voller Misstrauen war. In einem unbewachten Augenblick lief er aus dem Palast und suchte die andere Gruppe seiner Kameraden, bei der Odysseus weilte. Er fand sie auch und meldete dem Odysseus, was er gesehen hatte.

Odysseus erriet sogleich, dass er es mit einer schlimmen Zauberin zu tun habe. Er befahl seinen Gefährten zurückzubleiben und machte sich ganz allein auf den Weg in das Haus. Doch auf dem Gang dorthin verstellte ihm ein wunderschöner Jüngling den Weg.

»Wenn du zu Kirke willst – das nämlich ist der Name der Zauberin«, sprach der, »so nimm diese Wurzel und mische davon ein Stück unter die Speise, die sie dir vorsetzt. Dann bist du gefeit. Tritt sie dann vor dich, so zieh dein Schwert. Zwing sie auf die Knie und lass sie schwören, von ihrem zauberischen Treiben abzulassen. Dann hast du gewonnen und kannst ohne Gefahr essen und trinken.«

Und genau wie der schöne Jüngling prophezeit hatte geschah es. Odysseus aß ohne Schaden von den Speisen, nachdem er die Wurzel dazwischengemengt hatte, und er zwang Kirke auf die Knie und drohte sie zu töten, wenn sie nicht von ihrem schändlichen Tun ablasse. Da rief Kirke: »Jetzt erkenne ich: du bist Odysseus, von dem mir prophezeit wurde, er käme um mich zu überwinden. Nun, so ist es geschehn. Lass Gnade walten.«

Das tat Odysseus. Er befahl Kirke, seine Gefährten, die sie schon in Schweine verwandelt hatte, wieder zu erlö-

sen. Sie sagte einen Zauberspruch und im Nu standen wieder die Männer in ihrer ursprünglichen Gestalt vor Odysseus.

Da lebten sie zusammen ein ganzes Jahr fröhlich und guter Dinge im Land der Kirke, die nie wieder etwas

Übles gegen Odysseus unternahm. Nach einem Jahr aber packte Odysseus und die Seinen die Sehnsucht nach Griechenland so mächtig, dass sie das Schiff wieder flottmachten und es bestiegen. Und sie fuhren hinaus auf die See, obwohl Kirke sie warnte und sie bat, sie möchten doch bleiben.

*

Neue Irrfahrten begannen. Die Gestade Griechenlands blieben fern. Ungebrochen aber blieb auch der Zorn des Poseidon, ja, sein Grimm stieg noch, als er merkte, dass der listenreiche Odysseus alle Abenteuer überlebte und sich weder von den Sirenen noch von Klippen und Meeresengen überwinden ließ. Da nahm Poseidon Zuflucht zu roher Gewalt. Er rührte ein Unwetter auf, wie es noch keines gegeben hatte. Und als das Schiff des Odysseus den haushohen Wogen trotzte, da braute Poseidon ein Gewitter dazu und vernichtete das Fahrzeug durch einen einzigen grellen Blitz.

So ertranken die Gefährten des Odysseus – nicht aber Odysseus selbst. Ihm gelang es, mehrere Balken des gekenterten Schiffes zusammenzubinden und sich darauf zu schwingen. Tagelang trieb er auf dem Meer. Dann warf ihn das Schicksal an eine neue, unbekannte Küste.

*

Die Insel, an deren Strand der schiffbrüchige Odysseus wieder zu Bewusstsein kam, war das Land der Nymphe Kalypso. Sie war jung, schön und lieblich, und der schiffbrüchige Odysseus gefiel ihr sehr gut. Und also nahm sie ihn mit Freuden auf und dachte gar nicht daran, den Odysseus weiter in seine Heimat ziehen zu lassen.

Odysseus aber überfiel das Heimweh mit solcher Gewalt, dass er Tage und Nächte am Strand saß und über das Meer starrte, wo weit hinter der Kimm im Norden die Heimat und Penelope auf ihn warteten. Doch so sehr er auch jammerte und wehklagte: Kalypso lächelte und tat, als sei sein ganzes Gejammere nicht recht ernst zu nehmen. »Geht es dir denn hier nicht gut?«, fragte sie den Helden, wenn er gar nicht aufhören wollte. »Lese ich dir nicht jeden Wunsch von den Augen ab? Außer diesem einen? Was willst du dich wieder aufs unsichere Meer hinauswagen, wo Poseidon dein Schiff schon einmal zerschmetterte? Nimm Vernunft an, Odysseus, und bleibe hier.«

Doch Odysseus' Heimweh wurde immer stärker. Die Tränen kamen ihm und er schämte sich ihrer nicht. Da erbarmte sich seiner Pallas, die ihm schon während des Trojanischen Kriegs oft beigestanden hatte. Als sie ihn eines Morgens wieder so todtraurig am Strand hocken sah, eilte sie zu Zeus und bestürmte ihn, er solle der Kalypso befehlen den Odysseus freizugeben.

»Das, liebes Kind«, sagte Zeus und strich sich nachdenklich das Kinn, »das ist leichter gesagt als getan. Natürlich kann ich der Kalypso befehlen, sie solle den Odysseus ziehen lassen. Aber was geschieht, wenn er auf offener See ist? Poseidon zürnt ihm noch immer, und das nicht mit Unrecht: denn er hat nun einmal den Polyphem geblendet.«

»Wenn er's nicht getan hätte, so hätte der Polyphem ihn aufgefressen«, rief Athene aus.

»Ja, ja, schon gut«, sagte Zeus, »du sagst mir nichts Neues. Aber sag es lieber Poseidon und höre, was er dir dann antwortet.«

»Also du hilfst Odysseus nicht?«, fragte Pallas Athene.

»Das habe ich nicht gesagt«, seufzte Zeus ärgerlich. »Aber es muss alles wohl bedacht werden, mein Kind, und so schlage ich dir vor, wir warten noch einige Wochen. Dann wird Poseidon zu fremden Völkern fahren um dort Opfer entgegenzunehmen. Wenn er fort ist, schicken wir den Hermes zu Kalypso und lassen ihr sagen, sie soll den Odysseus schleunigst entlassen.«

Und so geschah's. Kalypso tat, wie ihr Zeus geheißen hatte, wenn auch unter Tränen. Odysseus baute sich ein Floß, nahm Proviant mit und verabschiedete sich von Kalypso. Dann reiste er los.

Einige Tage ging alles gut. Die See war glatt, ein leichter Wind blies günstig auf Griechenland zu. Odysseus war voller Hoffnung. Aber dann, als er schon über die Hälfte des Weges zurückgelegt hatte, geschah das Unglück: Poseidon kam unvorhergesehen früh von den fernen Völkern zurück, sah das Floß, erkannte den Odysseus und tobte vor Wut. Auf der Stelle schickte er einen Sturm von der griechischen Küste her, so dass Odysseus Hören und Sehen verging. Sein Floß wurde auf den Wogen hin und hergerissen, ein Spielball des fürchterlichen Meergottes, und Griechenland war ferner denn je. Da entschwand auch dem nimmer verzagten Odysseus die Hoffnung und verzweifelt blickte er um sich. Gab es denn keine Rettung mehr?

Auf einmal saß auf der Spitze seines wild umhertreibenden Floßes ein Meermädchen. Sie sah den Odysseus an und sprach: »Nimm mein Kopftuch und bind es um deine Hüften. Und dann springe vom Floß und wirf dich ins Meer. Das Kopftuch wird dich halten. Erst wenn du am Ufer bist, schmeiß es ins Meer zurück.«

Und das Mädchen reichte Odysseus das Kopftuch und verschwand. Er aber tat, wie sie ihm geraten.

Als Odysseus wieder zu sich kam – über zwei Tage lang hatte er im Meer getrieben und viel Wasser geschluckt –, sah er vor sich eine waldige Küste. Ein kleiner Fluss mündete hier ins Meer; mit letzter Kraft erreichte Odysseus schwimmend die Mündung, wo das Wasser still war. Er warf das Kopftuch des Meermädchens von sich, dann verkroch er sich ins Schilf: nackt und völlig erschöpft. Er schlief ein.

Auf einmal wurde er davon gestört, dass ein großer, bunter Ball ihn traf. Er betrachtete ihn erstaunt. Dann hörte er das Kreischen von Mädchenstimmen. Odysseus erhob sich, brach ein paar Schilfzweige ab, um damit seine Blößen zu verbergen, und trat aus dem Dickicht ins Freie. Da sah er eine Gruppe Mädchen, die wohl Wäsche gewaschen hatten und sich nun, nach getaner Arbeit, mit dem Ballspiel vergnügten. Als die Mädchen den nackten Odysseus gewahr wurden, stoben sie kreischend auseinander – nur eine blieb stehen und musterte den Helden erstaunt, aber ohne Schrecken. Odysseus fiel auf die Knie und rief: »Habt Erbarmen mit mir, wer ihr auch seid, eine Nymphe oder eine Fee, habt Erbarmen! Denn ich bin nur ein armer Schiffbrüchiger, der euch um Unterkunft und Kleidung anfleht.«

Und das junge Mädchen antwortete: »Hab keine Angst, du armer Mann. Ich bin weder eine Fee noch eine Nymphe. Ich bin Nausikaa, die Tochter des Königs der Phäaken. Alkinous heißt mein Vater und Arete meine Mutter.«

Dann rief Nausikaa die Mägde herbei und befahl ihnen dem Odysseus Wäschestücke zu geben, damit er ihnen nicht nackt in die Stadt folgen müsse. Als Odysseus sich notdürftig bekleidet hatte, forderte sie ihn auf, sie in den Palast ihres Vaters zu begleiten.

Alkinous nahm den Schiffbrüchigen freundlich auf und fragte nicht nach dem Namen. Er gab ihm zu essen, zu trinken und kleidete ihn neu ein. Am Abend nach dem Nachtmahle trat ein alter Sänger in den Palast und begann der Königsfamilie vom Trojanischen Krieg zu singen. Er erzählte von den Heldentaten des Agamemnon und des Achill, von Menelaus und Helena. Des Odysseus Herz wurde wehmütig davon, aber niemand merkte etwas.

Am anderen Morgen gab es Wettspiele unter der Jugend der Phäaken. Da sagte einer der jungen Leute scherzend zu Odysseus: »Na, Fremdling, davon verstehst du wohl nicht viel? Du bist doch sicher ein Handelsreisender?« Odysseus lächelte, nahm einen Diskus und warf ihn weiter als alle anderen. Alkinous bemerkte es, sagte aber nichts.

Am Abend des gleichen Tages sang der alte Spielmann weiter von den Heldentaten der Griechen vor Troja. Er erzählte von des Achilles und Patroklos Tod und vom Wüten des rasenden Aias. Endlich fragte Odysseus, weil er nicht mehr an sich halten konnte: »Du erzählst von so vielen Helden, weißt du denn nichts von Odysseus?«

Da sang der Spielmann von der Eroberung Trojas, von der List des Odysseus und vom hölzernen Pferd. Und Odysseus wurde von Tränen überwältigt, so dass er aufschluchzend beide Hände vor sein Gesicht halten musste. Alkinous aber trat auf den Fremden zu und sprach: »Warum stimmt dich dies Lied nicht heiter? Nenn uns den Grund deiner Tränen.« Da antwortete Odysseus: »Ich preise das Lied des Sängers, ich preise deine Gastfreundschaft. Aber ich bin Odysseus, von dem jener gesungen. Seit Jahren irre ich umher und komme nicht heim nach Ithaka.« Und er erzählte, wie es ihm ergangen.

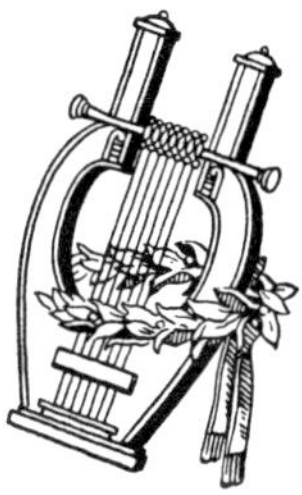

VII
Die Heimkehr des Odysseus

Odysseus blieb nur einige Tage bei den gastfreundlichen Phäaken. Als er sich genügend gekräftigt hatte, stellte ihm Alkinous ein Schiff und eine Mannschaft zur Verfügung, überhäufte ihn mit kostbaren Gastgeschenken und schickte ihn heim nach Ithaka. Und tatsächlich ging die Seereise diesmal glatt vonstatten. Das Meer war so glatt und der leichte Wind so günstig, dass Odysseus sich keine Sorgen zu machen brauchte und während des größten Teils der Fahrt fest schlief.

Als das Schiff die Küste Ithakas erreicht hatte, schlief der Held noch immer. Und so trugen ihn die Phäaken vorsichtig ans Ufer, legten die kostbaren Geschenke neben ihn und stachen wieder in See. Bald darauf erwachte Odysseus, sprang auf, sah wild umher und erkannte sein Heimatland nicht mehr. Die Angst, dass Poseidon ihm immer noch nicht verziehen habe und er wiederum an eine neue, fremde Küste verschlagen sei, wo neue und gefährliche Abenteuer ihn erwarteten, übermannte ihn; da sah er neben sich die Geschenke der Phäaken. Und er erinnerte sich, wie gastfreundlich sie zu ihm gewesen waren, und Ruhe und Zuversicht erfüllten ihn wieder. Sie würden ihn nicht betrogen, sondern wirklich in seine Heimat zurückgeführt haben.

Es erschien ein Hirte und Odysseus fragte, wo er sei. »In Ithaka, wo sonst?«, antwortete der Hirte und Odysseus seufzte tief auf. Langsam, mit steifen Beinen, schritt er in das Land hinein. Er sah sich neugierig nach allen Seiten um, sah über Wiesen, Äcker und weidende Herden. Das also war seine Heimat, hier war er König. Aber er erkannte sein Land nicht mehr. Zehn Jahre hatte er vor Troja gekämpft, zehn Jahre war er umhergeirrt, von Poseidons Fluch verfolgt. Er war alt geworden. Als er eine ganze Weile rüstig vorangeschritten war und sich darüber wunderte, wie sehr sich doch die Heimat verändert haben musste, so dass er sie nicht mehr erkannte, da wurde sein Schritt zögernder, seine Freude, wieder zu Hause zu sein, gedämpft. Wie lange waren doch zwanzig Jahre! Konnte er hoffen Penelope vorzufinden wie einst? Sollte sich nichts geändert haben an seinem Hofe in zwanzig Jahren? Und schon meldete sich in ihm wieder die alte Vorsicht und er beschloss, nicht ohne weiteres in seinen Palast zurückzukehren, sondern sich vorher genau zu erkundigen, wie die Dinge stünden. Er dachte nach, wer ihm solche Auskunft am besten geben könne. Da fiel ihm Eumäus ein, der Verwalter einer großen Schweinezucht, die Odysseus gehörte. Wenn der Alte noch lebte, so war er zuverlässig geblieben. Sein Herz kannte keinen Wankelmut und überwand selbst die lange Zeit. So beschloss Odysseus den Eumäus zuerst aufzusuchen. Vorher aber zerriss er seine Kleider und beschmierte sich das Gesicht mit Asche, so dass er wie ein Landstreicher aussah. Dann trat er den Weg zum Schweinehirten an.

Eumäus lebte noch. Er empfing den Alten freundlich, fragte ihn nicht nach dem Woher und Wohin und briet ihm ein Spanferkel. Während Odysseus es verzehrte, fragte er: »Wie steht's denn hier zu Lande? Was macht euer König?«

Eumäus winkte ab. »Weißt du nicht, dass Odysseus seit zehn Jahren verschollen ist? Seit dieser Zeit nämlich sind die anderen Helden von Troja zurückgekehrt. Er aber kam nicht wieder. Und seit dieser Zeit wird auch Penelope, seine treue Frau, von übermütigen Freiern bedrängt, den Odysseus zu vergessen und sich mit einem von ihnen zu verheiraten. Sie aber weigert sich, und die Freier hocken seit Jahr und Tag in ihrem Palast und fressen ihr das Dach vom Kopf.«

»Hm«, sagte Odysseus. »Gab's da nicht auch einen Sohn? Wie hieß er doch noch?«

Eumäus antwortete: »Ach, den Telemach meinst du. Das ist ein braver Junge geworden, der treu zur Mutter hält. Aber was soll er machen gegen so viel übermütige Kerle? Zur Zeit ist er übrigens außer Landes – er reist bei den griechischen Fürsten umher und versucht eine Spur des verschwundenen Vaters zu finden. Ich fürchte, die Freier werden ihn umbringen, wenn er wiederkommt.«

»Hm«, sagte Odysseus noch einmal und dann nichts weiter. Das sah ja nicht gut aus. Und Eumäus beendete das Gespräch, indem er sagte: »Doch nun genug mit diesen traurigen Geschichten. Wir können sie doch nicht ändern. Da in der Ecke liegt eine Decke, auf der kannst du dich ausstrecken, Alter, und tüchtig schlafen. Ich sehe, du hast Ruhe nötig.«

Odysseus tat's und schlief bald ein.

*

Als Eumäus und Odysseus am anderen Morgen beim Frühstück saßen, hörten sie Schritte vor der Tür. Eumäus ging nach draußen um nachzusehen, wer komme. Durch die halb offene Tür sah Odysseus, dass er einen jungen Mann umarmte und ihn freundlich begrüßte. Gleich darauf trat der Jüngling ein. Er stutzte, als er Odysseus sah. Aber Eumäus beruhigte ihn: Dies sei nur ein Bettler, der bald weiterziehen werde nach dem Königspalast, eine Gabe zu erbitten. Als der Jüngling das hörte, winkte er ab: »Den Weg kannst du dir sparen, Alterchen«, sagte er. »Im Königspalast des Odysseus hausen übermütige Freier, die ein hartes Herz haben und dich höchstens erschlagen würden, wenn du um eine Gabe bätest.«

Odysseus fragte lauernd: »Du kennst die Freier ja gut. Bist du am Ende einer von ihnen?«

Der junge Mann wurde rot vor Wut und rief laut: »Sei vorsichtig, Alter! Bin ich schon machtlos gegen die Freier, so bin ich es doch nicht gegen dich. Hüte deine Zunge, denn ich bin Telemach, der Sohn des Odysseus.«

Da stand Odysseus auf, warf die zerrissenen Kleider von sich und wischte den Ruß aus dem Gesicht. »So komm in meine Arme, mein Sohn«, sagte er, »denn ich bin Odysseus, dein Vater.«

Telemach war starr vor Staunen. Zuerst wollte er nicht glauben, was der Fremde ihm gesagt hatte. Aber als Odysseus ihm sichere Zeichen lieferte, weinte er vor Freude und sank in des Vaters Arme. Nun beratschlagten sie zu dritt, wie sie die Freier vertreiben sollten. Und sie beschlossen: zunächst solle Telemach nach Hause gehen und so tun wie immer. Erst später wolle Odysseus in der

Verkleidung des Bettlers zusammen mit Eumäus nachkommen. Dann komme es darauf an, zuerst die Waffen der Freier beiseite zu schaffen. Sei das geschehen, so habe man gewonnenes Spiel.

Die Freier waren sehr überrascht, als Telemach wieder unter ihnen auftauchte. Sie wähnten ihn noch in fremden Ländern. Aber seine Rückkunft schreckte sie jetzt nicht mehr. Denn am Morgen des Tages hatte Penelope ihren Widerstand endlich aufgegeben und den Freiern zugesagt, dass sie sich wieder verheiraten würde. Sie sah wohl ein, dass sie nun nicht mehr länger um diese Zusage herum kam, wenn sie nicht Gefahr laufen wollte, dass die Freier das ganze Königreich verwüsteten und den Telemach töteten. So war sie vor die lärmende Bande getreten und hatte gesagt: »Ein jeder von euch möge seine Werbung in schicklichen Worten vorbringen. Dann will ich einen Wettkampf veranstalten, und der ihn am besten besteht, der soll mein Mann werden.«

Wenig nach Telemach trafen auch Eumäus und Odysseus am Hofe ein. Telemach berichtete den beiden flüsternd in einer dunklen Ecke, wie die Dinge standen. Da befahl Odysseus, man möge ihn zu Penelope führen. Als er vor der Königin stand, warf er sich nieder und sagte mit verstellter Stimme: »Wartet, Königin, mit eurem Entschluss. Denn ich habe den Odysseus gesehen. Er lebt noch und muss einst zurückkommen.«

Penelope weinte, als sie die Nachricht vernahm, aber schon zu viele hatten ihr die angebliche Rückkunft des Odysseus gemeldet und nun glaubte sie dem Bettler nicht mehr.

»Ach«, sagte sie, »wenn es doch wahr wäre. Käme

doch Odysseus zurück, der Einzige, den ich je liebte und den ich immer lieben werde.«

Da wandte sich Odysseus schnell ab, weil ihm die Tränen kamen und er sich doch nicht verraten wollte.

*

Inzwischen hatten sich die Freier zum Festmahl zusammengefunden und Odysseus erschien als Bettler an ihren Tischen um eine Gabe zu erbitten. Aber fast gleichzeitig mit ihm kam Iros, ein stadtbekannter Lump und Fettwanst, der bei den Gastmählern der Freier zu betteln pflegte. Als dieser Iros nun den anderen Bettler sah, schrie er: »Pack dich, du Früchtchen, ehe ich dir ein paar Zähne ausschlage.« Die Freier johlten vor Freude und hetzten den Iros tüchtig auf. Und da Odysseus nichts antwortete, sondern immer mehr in sich zusammenkroch, packte den feigen Kerl der Übermut und er wollte den Odysseus hinauswerfen. Odysseus aber streckte ihn mit einem einzigen Fausthieb zu Boden. Die Freier riefen laut Bravo und warfen ihm ein paar Fleischstücke zu, weiter aber kümmerten sie sich nicht um Odysseus.

Als der Lärm der Schmausenden und ihre Lästerreden gegen Odysseus am lautesten wurden, erschien Telemach und gebot Ruhe für die Königin. Und es trat ein Penelope mit dem Bogen des Odysseus. Alle Freier wurden still. Sie merkten, dass jetzt die Entscheidung nahte.

Und Penelope verkündete: »Dies hier ist der Bogen des Odysseus. Wer so wie er den Bogen spannt und den Pfeil durch die Öse von zwölf Äxten schießt, der soll mein Gatte werden.«

Da erhob sich als erster Telemach und sprach: »So trete auch ich als Bewerber auf. Gewinne ich, so soll mir die Mutter bleiben und alle Freier müssen unverrichteter Sache abziehen.« Die Freier gaben's zu, weil Telemach ihnen zu schwach erschien die schwere Waffe zu spannen.

So wurden die Äxte aufgestellt, eine hinter der anderen, und Telemach ergriff den Bogen. Zweimal probierte er ihn zu spannen, aber seine Kraft ließ nach. Er versuchte es ein drittes Mal. Und diesmal wäre es ihm gelungen, doch als er dicht vor dem Ziel war, machte ihm Odysseus, der in der Ecke kauerte, ein Zeichen aufzugeben. Da tat Telemach so, als ob die Kraft ihn verließe, und ließ den Bogen wieder erschlaffen. Penelope weinte und verließ die Halle; die Freier dagegen lachten.

Aber das Lachen verging ihnen, als einer nach dem andern ebenfalls vergeblich versuchte die Waffe zu spannen. Und schließlich rief der Erste: »Das ist Betrug. Der Bogen ist gar nicht mehr zu spannen. Er ist zu spröde und zu alt. Man soll ihn erst erwärmen und einfetten. Dann wollen wir's aufs Neue versuchen.«

Da aber trat der Bettler vor und sagte: »So lasst mich doch einmal versuchen, ob ich ihn spannen und einen Pfeil abschießen kann.«

Die Freier grölten vor Lachen und sagten: »Du bist ja ein feiner Freier. So weit kommt es noch, dass wir dich hier schießen lassen.« Aber Telemach sprach: »Warum nicht, ihr Herren? Einer ist so gut wie der andere. Oder habt ihr etwa Angst, dass dieser Bettler euch besiegt?«

Da lachten die Freier noch lauter und beschlossen,

ihretwegen dürfe der Alte das Bogenspannen so oft probieren wie er wolle. Da sei ja keine Gefahr. Aber wenn dieser Ulk ein Ende habe, solle man den Bogen endlich einfetten, damit der Wettstreit ernstlich weitergehen könne.

Während dieser Worte hatte Odysseus den Bogen genommen und betastete ihn prüfend. Gott sei Dank: die Waffe war intakt. Keine Würmer hatten das Holz versehrt. Langsam spannte er die Waffe. Die Freier wurden still und sahen erstaunt auf den Alten. Da schoss Odysseus auch schon: Der Pfeil sauste durch alle zwölf Ösen der Beile und bohrte sich in die gegenüberliegende Wand.

Und Odysseus rief: »Nun wollen wir die nächsten Schüsse anbringen.« Telemach reichte ihm Pfeile, während die Freier noch immer verwundert auf den Schützen starrten. Da schwirrte schon der nächste Pfeil und traf den frechsten der Freier in den Hals, so dass er tot umsank. Mit einem Wutschrei wollten die anderen auf Odysseus zustürzen. Aber Telemach und der Sauhirt standen plötzlich vor dem Schützen und deckten ihn mit ihren Schwertern. Die Freier aber waren waffenlos. Und während Odysseus schon den zweiten von ihnen mit einem sicheren Pfeilschuss in die Brust niederstreckte, rief er mit lauter Stimme: »Merkt ihr noch immer nicht, wer hier vor euch steht, ihr Weiberhelden? Hier steht Odysseus, der König dieses Landes und Gatte der Penelope. Euch wird jetzt seine Rache treffen.« Und er gab Schuss auf Schuss ab und ein Freier nach dem anderen stürzte getroffen zu Boden. Da schrie einer der Eindringlinge: »Lass es gut sein, Odysseus. Du hast die frechsten von uns getötet. Uns anderen erlaube, dass wir uns freikaufen mit fürstlichem Lösegeld.«

Doch er war der Nächste, den des Odysseus tödliches

Geschoss traf. Und so hörte er nicht mehr, was der zornige Schütze antwortete: »Was ich hier tue, ist ein Werk der Götter. Ihnen gehört die Rache und ich darf nicht aufhören, ehe sie vollendet ist.« So schoss Odysseus weiter, und wer von den Pfeilen verschont blieb, den erschlugen Telemach und Eumäus mit den Schwertern. Nur zwei blieben übrig: der Spielmann und der Herold. Und weil Telemach für sie sprach und seinem Vater erklärte, dass diese beiden sich noch am erträglichsten benommen hätten, schenkte ihnen der König das Leben.

*

Als die Rache vollendet war, rief Odysseus seine alte Magd Eurykleia und gebot ihr die Leichen beiseite zu schaffen. Eurykleia wollte laut aufjubeln über die gelungene Befreiung, aber Odysseus verbot es ihr. »Hier gibt's nichts zu lachen«, sagte Odysseus. »Hier haben die Götter gesprochen. Ich war nur ihr Werkzeug.«

*

Als die Halle vom Blut gereinigt war, schickte Odysseus Eurykleia zu Penelope. »Königin«, rief die Magd, »Odysseus, euer Gemahl, ist da. Alle Freier sind tot und unsere Not hat ein Ende.«

Penelope wollte es nicht glauben und antwortete: »Du bist sehr alt, Eurykleia, und auf deine alten Tage bist du ein wenig närrisch geworden. Ich habe das schon öfter bemerkt.« Aber Eurykleia ließ Penelope keine Ruhe, bis sie ihr Zimmer verließ und die Magd in die Halle begleitete. In der Halle saß Odysseus und sah Penelope an. Penelope erkannte ihn noch nicht. Eine furchtbare Unruhe ergriff sie und sie wusste nicht, was sie tun sollte. Da zeigte er ihr die Narbe der Wunde, die er einst bei der Saujagd als junger Mann empfangen hatte. Und Penelope erkannte die Narbe und erkannte den Odysseus. Sie fiel ihm um den Hals und weinte vor Glück.

Erzählte Geschichte
Geschichte erleben

Band 70572

Spanien, Ende des 12. Jahrhunderts: Der glanzvolle Sieg der Moslems in der Schlacht von Alarcos ist für den 13-jährigen Schildknappen Liuthar eine Katastrophe, denn als Christ steht er auf der Seite der Verlierer. Er wird gefangen genommen und auf dem Sklavenmarkt von Cordoba verkauft. Doch er hat Glück im Unglück...

Band 70573

Gallien im Jahr 52 v. Chr.: Der 17-jährige Römer Sextus ist mit seinem Onkel unterwegs zu Caesars Truppen. Per Zufall trifft er den gleichaltrigen Acco, einen angehenden gallischen Kaufmann. Sie hätten Freunde werden können, doch der Krieg zwischen Caesar und seinem Gegner Vercingetorix macht sie zu Feinden. Als sie einander wieder begegnen, hat der eine das Leben des anderen in der Hand...

dtv junior